MIJN KLEINE CAKETIN KOOKBOEK

Van minicakes tot smakelijke taartjes, ontdek 100 verleidelijke lekkernijen rechtstreeks uit uw oven

Saga Lundin

Auteursrechtelijk materiaal ©2024

Alle rechten voorbehouden

Geen enkel deel van dit boek mag in welke vorm of op welke manier dan ook worden gebruikt of overgedragen zonder de juiste schriftelijke toestemming van de uitgever en eigenaar van het auteursrecht, met uitzondering van korte citaten die in een recensie worden gebruikt. Dit boek mag niet worden beschouwd als vervanging voor medisch, juridisch of ander professioneel advies.

INHOUDSOPGAVE

INHOUDSOPGAVE **3**
INVOERING **6**
MINIBRODEN **7**
    1. Mini-citroen-maanzaadbroden 8
    2. Mini bananen-notenbroodbroden 10
    3. Mini-chocolade-courgettebroodbroden 12
    4. Mini appel-kaneelbroden 14
    5. Mini-worteltaartbroden 16
    6. Mini-pompoenbroodbroden 18
MINI-TAARTJES **20**
    7. Mini-appeltaarten 21
    8. Mini-pompoentaartjes 23
    9. Mini-kersentaarten 25
    10. Mini bosbessentaartjes 27
    11. Mini Key Lime-taarten 29
    12. Mini-chocoladetaartjes 31
MINI-TAARTJES **33**
    13. Mini-Victoriaanse biscuitgebak 34
    14. Mini-citroencake 36
    15. Mini-chocolade-éclairs 38
    16. Mini koffie-walnotencake 40
    17. Mini- afternoon tea-cakes 42
    18. Mini Worteltaart Hapjes 45
    19. Mini Rood fluweel-cakejes 47
    20. Slagroomsoesjes En Eclairs Ringcake 49
MINI TAARTJES **52**
    21. Mini gemengde bessentaartjes 53
    22. Mini chocolade-pindakaastaartjes 55
    23. Mini-fruittaartjes 57
    24. Mini-citroentaartjes 59
    25. Mini-chocoladeganachetaartjes 61
    26. Mini frambozen-amandeltaartjes 63
    27. Mini hartige quiche Lorraine taartjes 66
CAKE-POPS EN BALLEN **69**
    28. Funfetti-confetti-cakepops 70
    29. Klassieke vanillecakepops 73
    30. Chocolade Fudge Cakeballetjes 76
    31. Citroen-frambozencakepops 79

32. Rode fluwelen roomkaastaartballetjes 82
33. Koekjes En Roomcake Pops 85
34. Gezouten karamelcakeballetjes 88
35. Aardbeien-cheesecake-cakeballetjes 91

MINIBOODJES 94
36. Mini Caprese-sandwiches 95
37. Mini-kipsaladesandwiches 97
38. Mini-kalkoen- en cranberrysandwiches 99
39. Mini-ham- en kaasschuifregelaars 101
40. Mini Veggie Club-sandwiches 103

KOEKJES 105
41. Krakeling En Karamelkoekjes 106
42. Hennep Buckeye-koekje 108
43. Cakemix Sandwichkoekjes 110
44. Muesli- en chocoladekoekjes 112
45. Taartdoos Suikerkoekjes 114
46. Duitse cakedooskoekjes 116

ROOM PUFJES 118
47. Cocktailroomsoesjes 119
48. Frambozenroomsoesjes 121
49. Hazelnoot En Geroosterde Marshmallow Room Soesjes 123
50. Aardbeienroomsoesjes 127
51. Citroenwrongel -roomsoesjes 130
52. Hazelnootpralineroomsoesjes 132
53. Bosbessenroomsoesjes 134
54. Kokosroomsoesjes 136
55. Espressosaus Roomsoesjes 138
56. Chai-roomsoesjes 141
57. Amandelroomsoesjes 144

ECLAIRS 146
58. Mini-chocolade-eclairs 147
59. Koekjes En Rooméclairs 150
60. Chocolade Hazelnoot Eclairs 153
61. Oranje Eclairs 156
62. Eclairs van passievruchten 160
63. Volkoren fruitige eclairs 163
64. Eclairs Van Passievrucht En Frambozen 166
65. Cappuccino- Eclairs 170
66. Pistache Citroen Eclairs 172
67. Esdoorn geglazuurde eclairs gegarneerd met noten 177

CROISSANTEN 180
68. Mini-amandelcroissants 181
69. Croissants met roze roos en pistache 183

70. Lavendel-honingcroissants 187
71. Croissants met rozenblaadjes 189
72. Oranjebloesemcroissants 191
73. Hibiscuscroissants 193
74. Bosbessencroissants 195
75. Frambozencroissants 197
76. Perzikcroissants 199
77. Gemengde bessencroissants 201
78. Amerikaanse veenbes en oranje croissants 203
79. Ananascroissants 205
80. Pruimencroissants 207
81. Bananen Eclair Croissants 209

KOEKJE EN MUFFINS 211

82. Citroen y Cakemix Koekje 212
83. Chocolade Karamel Koekje 214
84. Moddertaart Koekje 216
85. Cakemix Pompoenmuffins 218
86. Cakemix Praline Koekje 220
87. Pina Colada & Koekje 222
88. Minicakejes met kersen-cola 224
89. Rood fluwelen koekje 226
90. Appeltaartkoekje 228
91. Krachtig Muis koekje 230

BARS EN VIERKANTEN 232

92. Schaakstaven 233
93. Frambozen- en chocoladerepen 235
94. Cakemix Kersenrepen 237
95. Chocolade gelaagde cake 239
96. Potluck-repen 241
97. Botervinger Cookie Bars 243
98. Taart doos B ars 245
99. Geïnfundeerde pindakaas Vierkantjes 247
100. Karamel-walnotenrepen 249

CONCLUSIE 251

INVOERING

Stap in de zoete en verrukkelijke wereld van bakken met "Mijn Kleine Caketin Kookboek: van minicakes tot smakelijke taartjes, ontdek 100 verleidelijke lekkernijen rechtstreeks uit uw oven." Bakken is niet alleen een culinaire kunst; het is een magische reis vol warmte, aroma en de belofte van heerlijke verwennerij. In dit kookboek nodigen we je uit om aan een smaakvol avontuur te beginnen terwijl we een heerlijke reeks van 100 onweerstaanbare lekkernijen ontdekken, allemaal tot in de perfectie gebakken in je vertrouwde cakevorm.

Van decadente minicakejes versierd met toefjes glazuur tot elegante taartjes boordevol seizoensfruit: elk recept in dit kookboek is gemaakt om je passie voor bakken aan te wakkeren en je zoete trek te stillen. Of u nu een doorgewinterde bakker bent of een beginnende liefhebber, op deze pagina's vindt u inspiratie, begeleiding en plezier. Met duidelijke instructies, handige tips en verbluffende fotografie zul je met een gerust gevoel een weg kloppen, vouwen en bakken naar culinair geluk.

Het eenvoudige cakeblik dient als canvas voor onze culinaire creaties en biedt eindeloze mogelijkheden voor experimenten en creativiteit. Of je nu bakt voor een speciale gelegenheid, een gezellig samenzijn of gewoon om je zoetekauw te verwennen, er is voor elke smaak en elk moment iets lekkers. Verwarm dus je oven voor, verzamel je ingrediënten en laten we duiken in de betoverende wereld van bakken met " Mijn Kleine Caketin Kookboek " als onze gids.

MINIBRODEN

1.Mini-citroen-maanzaadbroden

INGREDIËNTEN:
- 1 kopje bloem voor alle doeleinden
- 1/2 theelepel bakpoeder
- 1/4 theelepel zuiveringszout
- 1/4 theelepel zout
- 1 eetlepel maanzaad
- 1/2 kop ongezouten boter, verzacht
- 3/4 kop kristalsuiker
- 2 grote eieren
- 1 eetlepel citroenschil
- 1/4 kop vers citroensap
- 1/4 kopje karnemelk
- 1/2 theelepel vanille-extract

INSTRUCTIES:
a) Verwarm uw oven voor op 175°C. Mini-broodvormen invetten en met bloem bestrooien.
b) Meng in een middelgrote kom de bloem, bakpoeder, zuiveringszout, zout en maanzaad.
c) Klop in een grote kom de boter en de kristalsuiker tot een licht en luchtig geheel.
d) Klop de eieren één voor één erdoor en roer vervolgens de citroenschil, het citroensap, de karnemelk en het vanille-extract erdoor.
e) Voeg geleidelijk de droge ingrediënten toe aan de natte ingrediënten en meng tot ze net gemengd zijn.
f) Verdeel het beslag gelijkmatig over de voorbereide mini-broodpannen.
g) Bak in de voorverwarmde oven gedurende 20-25 minuten, of totdat een tandenstoker die je in het midden steekt er schoon uitkomt.
h) Laat de broden 10 minuten afkoelen in de pannen en breng ze vervolgens over naar een rooster om volledig af te koelen.

2.Mini bananen-notenbroodbroden

INGREDIËNTEN:
- 1 1/2 kopjes bloem voor alle doeleinden
- 1 theelepel zuiveringszout
- 1/4 theelepel zout
- 1/2 kop ongezouten boter, verzacht
- 1/2 kopje kristalsuiker
- 2 grote eieren
- 1 theelepel vanille-extract
- 3 rijpe bananen, gepureerd
- 1/2 kop gehakte walnoten of pecannoten

INSTRUCTIES:
a) Verwarm uw oven voor op 175°C. Mini-broodvormen invetten en met bloem bestrooien.
b) Meng in een middelgrote kom de bloem, het bakpoeder en het zout.
c) Klop in een grote kom de boter en de kristalsuiker tot een licht en luchtig mengsel.
d) Klop de eieren één voor één erdoor en roer vervolgens het vanille-extract en de geprakte bananen erdoor.
e) Voeg geleidelijk de droge ingrediënten toe aan de natte ingrediënten en meng tot ze net gemengd zijn.
f) Vouw de gehakte noten erdoor.
g) Verdeel het beslag gelijkmatig over de voorbereide mini-broodpannen.
h) Bak in de voorverwarmde oven gedurende 25-30 minuten, of totdat een tandenstoker die je in het midden steekt er schoon uitkomt.
i) Laat de broden 10 minuten afkoelen in de pannen en breng ze vervolgens over naar een rooster om volledig af te koelen.

3.Mini-chocolade-courgettebroodbroden

INGREDIËNTEN:
- 1 kopje bloem voor alle doeleinden
- 1/4 kop ongezoet cacaopoeder
- 1/2 theelepel zuiveringszout
- 1/4 theelepel bakpoeder
- 1/4 theelepel zout
- 1/2 kopje kristalsuiker
- 1/4 kopje bruine suiker
- 1/4 kop plantaardige olie
- 1 groot ei
- 1 theelepel vanille-extract
- 1 kopje geraspte courgette, geperst om overtollig vocht te verwijderen
- 1/2 kop halfzoete chocoladestukjes

INSTRUCTIES:
a) Verwarm uw oven voor op 175°C. Mini-broodvormen invetten en met bloem bestrooien.
b) Meng in een middelgrote kom de bloem, cacaopoeder, bakpoeder, bakpoeder en zout.
c) Klop in een grote kom de kristalsuiker, bruine suiker, plantaardige olie, ei en vanille-extract tot alles goed gemengd is.
d) Voeg geleidelijk de droge ingrediënten toe aan de natte ingrediënten en meng tot ze net gemengd zijn.
e) Vouw de geraspte courgette en chocoladestukjes erdoor.
f) Verdeel het beslag gelijkmatig over de voorbereide mini-broodpannen.
g) Bak in de voorverwarmde oven gedurende 25-30 minuten, of totdat een tandenstoker die je in het midden steekt er schoon uitkomt.
h) Laat de broden 10 minuten afkoelen in de pannen en breng ze vervolgens over naar een rooster om volledig af te koelen.

4. Mini appel-kaneelbroden

INGREDIËNTEN:
- 1 kopje bloem voor alle doeleinden
- 1/2 theelepel bakpoeder
- 1/4 theelepel zuiveringszout
- 1/4 theelepel zout
- 1 theelepel gemalen kaneel
- 1/4 kop ongezouten boter, gesmolten
- 1/2 kop verpakte bruine suiker
- 1 groot ei
- 1/2 kopje ongezoete appelmoes
- 1/2 theelepel vanille-extract
- 1/2 kop in blokjes gesneden appels (geschild en zonder klokhuis)
- Optioneel: gehakte noten of rozijnen

INSTRUCTIES:
a) Verwarm uw oven voor op 175°C. Mini-broodvormen invetten en met bloem bestrooien.
b) Meng in een middelgrote kom de bloem, bakpoeder, zuiveringszout, zout en gemalen kaneel.
c) Klop in een grote kom de gesmolten boter en de bruine suiker tot een gladde massa. Voeg het ei, de appelmoes en het vanille-extract toe en klop tot alles goed gemengd is.
d) Voeg geleidelijk de droge ingrediënten toe aan de natte ingrediënten en meng tot ze net gemengd zijn.
e) Vouw de in blokjes gesneden appels en eventueel gehakte noten of rozijnen erdoor.
f) Verdeel het beslag gelijkmatig over de voorbereide mini-broodpannen.
g) Bak in de voorverwarmde oven gedurende 20-25 minuten, of totdat een tandenstoker die je in het midden steekt er schoon uitkomt.
h) Laat de broden 10 minuten afkoelen in de pannen en breng ze vervolgens over naar een rooster om volledig af te koelen.

5. Mini-worteltaartbroden

INGREDIËNTEN:
- 1 kopje bloem voor alle doeleinden
- 1/2 theelepel bakpoeder
- 1/2 theelepel zuiveringszout
- 1/4 theelepel zout
- 1 theelepel gemalen kaneel
- 1/2 kopje kristalsuiker
- 1/4 kop plantaardige olie
- 1 groot ei
- 1/2 theelepel vanille-extract
- 1 kop fijn geraspte wortelen
- 1/4 kop gemalen ananas, uitgelekt
- 1/4 kop gehakte noten (walnoten of pecannoten)
- Roomkaasglazuur (optioneel)

INSTRUCTIES:
a) Verwarm uw oven voor op 175°C. Mini-broodvormen invetten en met bloem bestrooien.
b) Meng in een middelgrote kom de bloem, bakpoeder, zuiveringszout, zout en gemalen kaneel.
c) Klop in een grote kom de kristalsuiker, plantaardige olie, ei en vanille-extract tot alles goed gemengd is.
d) Voeg geleidelijk de droge ingrediënten toe aan de natte ingrediënten en meng tot ze net gemengd zijn.
e) Vouw de geraspte wortels, gemalen ananas en gehakte noten erdoor.
f) Verdeel het beslag gelijkmatig over de voorbereide mini-broodpannen.
g) Bak in de voorverwarmde oven gedurende 20-25 minuten, of totdat een tandenstoker die je in het midden steekt er schoon uitkomt.
h) Laat de broden 10 minuten afkoelen in de pannen en breng ze vervolgens over naar een rooster om volledig af te koelen.
i) Optioneel kunt u de broden voor het serveren invriezen met roomkaasglazuur.

6.Mini-pompoenbroodbroden

INGREDIËNTEN:
- 1 1/2 kopjes bloem voor alle doeleinden
- 1 theelepel bakpoeder
- 1/2 theelepel zuiveringszout
- 1/4 theelepel zout
- 1 theelepel gemalen kaneel
- 1/2 theelepel gemalen gember
- 1/4 theelepel gemalen nootmuskaat
- 1/4 theelepel gemalen kruidnagel
- 1/4 kop ongezouten boter, gesmolten
- 1/2 kop verpakte bruine suiker
- 1/2 kopje ingeblikte pompoenpuree
- 1/4 kopje melk
- 1 groot ei
- 1 theelepel vanille-extract

INSTRUCTIES:
a) Verwarm uw oven voor op 175°C. Mini-broodvormen invetten en met bloem bestrooien.
b) Meng in een middelgrote kom de bloem, bakpoeder, zuiveringszout, zout en kruiden (kaneel, gember, nootmuskaat, kruidnagel).
c) Klop in een grote kom de gesmolten boter en de bruine suiker tot een gladde massa. Voeg de pompoenpuree, melk, ei en vanille-extract toe en klop tot alles goed gemengd is.
d) Voeg geleidelijk de droge ingrediënten toe aan de natte ingrediënten en meng tot ze net gemengd zijn.
e) Verdeel het beslag gelijkmatig over de voorbereide mini-broodpannen.
f) Bak in de voorverwarmde oven gedurende 20-25 minuten, of totdat een tandenstoker die je in het midden steekt er schoon uitkomt.
g) Laat de broden 10 minuten afkoelen in de pannen en breng ze vervolgens over naar een rooster om volledig af te koelen.

MINI-TAARTJES

7.Mini-appeltaarten

INGREDIËNTEN:
- 2 middelgrote appels, geschild, klokhuis verwijderd en in blokjes gesneden
- 2 eetlepels kristalsuiker
- 1 eetlepel bloem voor alle doeleinden
- 1/2 theelepel gemalen kaneel
- 1/4 theelepel gemalen nootmuskaat
- 1 eetlepel citroensap
- In de winkel gekocht of zelfgemaakt taartdeeg
- Eieren wassen (1 ei losgeklopt met 1 eetlepel water)
- Grove suiker om te bestrooien (optioneel)

INSTRUCTIES:
a) Verwarm uw oven voor op 190°C. Vet een mini-muffinvorm in.
b) Meng in een kom de in blokjes gesneden appels, kristalsuiker, bloem, kaneel, nootmuskaat en citroensap. Meng tot de appels gelijkmatig bedekt zijn.
c) Rol het taartbodemdeeg uit op een licht met bloem bestoven oppervlak. Snijd met een ronde uitsteker of glas cirkels uit het deeg die iets groter zijn dan de holtes van de mini-muffinvormpjes.
d) Druk elke deegcirkel in de ingevette holtes van de mini-muffinvormpjes en vorm mini-taartbodems.
e) Schep de appelvulling in elke mini-taartbodem en vul ze tot aan de bovenkant.
f) Knip indien gewenst kleinere cirkels of reepjes deeg uit om roosters of decoratieve bovenkanten voor de minitaarten te maken.
g) Bestrijk de bovenkant van de minitaartjes met eierwas en bestrooi ze met grove suiker, indien gebruikt.
h) Bak in de voorverwarmde oven gedurende 18-20 minuten, of tot de korst goudbruin is en de vulling bubbelt.
i) Laat de minitaartjes een paar minuten afkoelen in de muffinvorm voordat je ze op een rooster legt om volledig af te koelen.

8.Mini-pompoentaartjes

INGREDIËNTEN:
- 1 kopje ingeblikte pompoenpuree
- 1/2 kopje gezoete gecondenseerde melk
- 1 groot ei
- 1/2 theelepel gemalen kaneel
- 1/4 theelepel gemalen gember
- 1/4 theelepel gemalen nootmuskaat
- 1/4 theelepel zout
- In de winkel gekocht of zelfgemaakt taartdeeg
- Slagroom voor erbij (optioneel)

INSTRUCTIES:
a) Verwarm uw oven voor op 190°C. Vet een mini-muffinvorm in.
b) Klop in een kom de pompoenpuree, de gezoete gecondenseerde melk, het ei, kaneel, gember, nootmuskaat en zout tot een gladde massa en goed gemengd.
c) Rol het taartbodemdeeg uit op een licht met bloem bestoven oppervlak. Snijd met een ronde uitsteker of glas cirkels uit het deeg die iets groter zijn dan de holtes van de mini-muffinvormpjes.
d) Druk elke deegcirkel in de ingevette holtes van de mini-muffinvormpjes en vorm mini-taartbodems.
e) Schep de pompoenvulling in elke mini-taartbodem en vul ze bijna tot de bovenkant.
f) Bak in de voorverwarmde oven gedurende 12-15 minuten, of tot de korst goudbruin is en de vulling stevig is.
g) Laat de minitaartjes een paar minuten afkoelen in de muffinvorm voordat je ze op een rooster legt om volledig af te koelen.
h) Serveer de mini-pompoentaartjes eventueel met slagroom.

9.Mini-kersentaarten

INGREDIËNTEN:
- 1 kopje kersentaartvulling (gekocht of zelfgemaakt)
- In de winkel gekocht of zelfgemaakt taartdeeg
- Eieren wassen (1 ei losgeklopt met 1 eetlepel water)
- Grove suiker om te bestrooien (optioneel)

INSTRUCTIES:
a) Verwarm uw oven voor op 190°C. Vet een mini-muffinvorm in.
b) Rol het taartbodemdeeg uit op een licht met bloem bestoven oppervlak. Snijd met een ronde uitsteker of glas cirkels uit het deeg die iets groter zijn dan de holtes van de mini-muffinvormpjes.
c) Druk elke deegcirkel in de ingevette holtes van de mini-muffinvormpjes en vorm mini-taartbodems.
d) Schep de kersentaartvulling in elke mini-taartbodem en vul ze tot aan de bovenkant.
e) Knip indien gewenst kleinere cirkels of reepjes deeg uit om roosters of decoratieve bovenkanten voor de minitaarten te maken.
f) Bestrijk de bovenkant van de minitaartjes met eierwas en bestrooi ze met grove suiker, indien gebruikt.
g) Bak in de voorverwarmde oven gedurende 18-20 minuten, of tot de korst goudbruin is en de vulling bubbelt.
h) Laat de minitaartjes een paar minuten afkoelen in de muffinvorm voordat je ze op een rooster legt om volledig af te koelen.

10. Mini bosbessentaartjes

INGREDIËNTEN:
- 1 kopje verse of bevroren bosbessen
- 2 eetlepels kristalsuiker
- 1 eetlepel maizena
- 1/2 theelepel citroenschil
- 1 theelepel citroensap
- In de winkel gekocht of zelfgemaakt taartdeeg
- Eieren wassen (1 ei losgeklopt met 1 eetlepel water)
- Grove suiker om te bestrooien (optioneel)

INSTRUCTIES:
a) Verwarm uw oven voor op 190°C. Vet een mini-muffinvorm in.
b) Meng in een kom de bosbessen, kristalsuiker, maizena, citroenschil en citroensap voorzichtig tot alles goed gemengd is.
c) Rol het taartbodemdeeg uit op een licht met bloem bestoven oppervlak. Snijd met een ronde uitsteker of glas cirkels uit het deeg die iets groter zijn dan de holtes van de mini-muffinvormpjes.
d) Druk elke deegcirkel in de ingevette holtes van de mini-muffinvormpjes en vorm mini-taartbodems.
e) Schep de bosbessenvulling in elke mini-taartbodem en vul ze tot aan de bovenkant.
f) Knip indien gewenst kleinere cirkels of reepjes deeg uit om roosters of decoratieve bovenkanten voor de minitaarten te maken.
g) Bestrijk de bovenkant van de minitaartjes met eierwas en bestrooi ze met grove suiker, indien gebruikt.
h) Bak in de voorverwarmde oven gedurende 18-20 minuten, of tot de korst goudbruin is en de vulling bubbelt.
i) Laat de minitaartjes een paar minuten afkoelen in de muffinvorm voordat je ze op een rooster legt om volledig af te koelen.

11. Mini Key Lime-taarten

INGREDIËNTEN:
- 1/2 kopje limoensap
- 1 theelepel limoenschil
- 1 blikje (14 ounces) gezoete gecondenseerde melk
- 2 grote eidooiers
- In de winkel gekocht of zelfgemaakt crackerkorstdeeg uit Graham
- Slagroom voor erbij (optioneel)

INSTRUCTIES:
a) Verwarm uw oven voor op 175°C. Vet een mini-muffinvorm in.
b) Klop in een kom het limoensap, de limoenschil, de gezoete gecondenseerde melk en de eierdooiers tot een gladde massa en goed gecombineerd.
c) Rol het graham crackerkorstdeeg uit op een licht met bloem bestoven oppervlak. Snijd met een ronde uitsteker of glas cirkels uit het deeg die iets groter zijn dan de holtes van de mini-muffinvormpjes.
d) Druk elke deegcirkel in de ingevette holtes van de mini-muffinvormpjes en vorm mini-taartbodems.
e) Schep de limoenvulling in elke mini-taartbodem en vul ze bijna tot de bovenkant.
f) Bak in de voorverwarmde oven gedurende 12-15 minuten, of tot de vulling gestold is.
g) Laat de minitaartjes een paar minuten afkoelen in de muffinvorm voordat je ze op een rooster legt om volledig af te koelen.
h) Zet de mini-key-limoentaartjes minimaal 2 uur in de koelkast voordat je ze serveert.
i) Serveer de gekoelde minitaartjes eventueel met slagroom.

12. Mini-chocoladetaartjes

INGREDIËNTEN:
- 1 pakje (3,9 ounces) instant chocoladepuddingmix
- 1 1/2 kopjes koude melk
- In de winkel gekocht of zelfgemaakt taartbodemdeeg, gebakken en gekoeld
- Slagroom voor erbij
- Chocoladeschaafsel ter garnering (optioneel)

INSTRUCTIES:
a) Klop in een mengkom het chocoladepuddingmengsel en de koude melk samen tot het dik is, ongeveer 2 minuten.
b) Schep de chocoladepudding in de afgekoelde minitaartbodems en vul ze bijna tot de bovenkant.
c) Zet de mini-chocoladetaartjes minimaal 1 uur in de koelkast, of tot ze stevig zijn.
d) Bestrijk elke minitaart voor het serveren met een toefje slagroom en garneer eventueel met chocoladeschaafsel.

MINI-TAARTJES

13. Mini-Victoriaanse biscuitgebak

INGREDIËNTEN:
VOOR DE SPONS:
- 2 eieren
- 100 g boter, zacht
- 100 g kristalsuiker
- 100 g zelfrijzend bakmeel
- ½ theelepel bakpoeder
- ½ theelepel vanille-extract

VOOR DE VULLING:
- Aardbeien- of frambozenjam
- Slagroom

INSTRUCTIES:
a) Verwarm uw oven voor op 180°C. Vet een mini-cupcake- of cakevorm in en bekleed deze.
b) Klop in een mengkom de boter en de suiker romig. Voeg de eieren één voor één toe en meng goed na elke toevoeging. Roer het vanille-extract erdoor.
c) Zeef de zelfrijzende bloem en het bakpoeder erdoor en roer dit door het mengsel.
d) Schep het beslag in het mini-cakeblikje.
e) Bak ongeveer 12-15 minuten of tot de cakes goudbruin zijn en veerkrachtig aanvoelen.
f) Eenmaal afgekoeld snijd je elke minicake horizontaal doormidden. Bestrijk de ene helft met jam en slagroom en leg de andere helft erop.
g) Bestrooi met poedersuiker en serveer.

14. Mini-citroencake

INGREDIËNTEN:
- 2 eieren
- 100 g boter, zacht
- 100 g kristalsuiker
- 100 g zelfrijzend bakmeel
- Schil van 1 citroen
- Sap van 1 citroen
- 50 g kristalsuiker

INSTRUCTIES:
a) Verwarm uw oven voor op 180°C. Vet een mini-cupcake- of cakevorm in en bekleed deze.
b) Klop in een mengkom de boter en de basterdsuiker tot een romig mengsel. Voeg de eieren één voor één toe en meng goed na elke toevoeging.
c) Zeef de zelfrijzende bloem erdoor en voeg de citroenschil toe. Meng tot alles goed gemengd is.
d) Schep het beslag in de mini-cakevorm en bak ongeveer 12-15 minuten of tot de cakes goudbruin zijn.
e) Terwijl de cakes bakken, meng je het citroensap en de kristalsuiker om de motregen te maken.
f) Zodra de cakes uit de oven komen, prik je er met een vork of tandenstoker in en sprenkel het citroen-suikermengsel erover.
g) Laat de taarten afkoelen voordat je ze serveert.

15. Mini-chocolade-éclairs

INGREDIËNTEN:
VOOR HET SHOUXGEBAK:
- 150 ml water
- 60 g boter
- 75 g gewone bloem
- 2 grote eieren

VOOR DE VULLING:
- 200 ml slagroom
- Chocoladeganache (gemaakt van gesmolten chocolade en room)

INSTRUCTIES:
a) Verwarm uw oven voor op 200°C. Bekleed een bakplaat met bakpapier.
b) Verwarm het water en de boter in een pan tot de boter is gesmolten. Haal van het vuur en voeg de bloem toe. Roer krachtig totdat het een bal deeg vormt.
c) Laat het deeg iets afkoelen en klop er dan een voor een de eieren door tot het mengsel glad en glanzend is.
d) Schep of spuit het soezendeeg in kleine eclairvormpjes op de bakplaat.
e) Bak ongeveer 15-20 minuten of tot ze opgezwollen en goudbruin zijn.
f) Eenmaal afgekoeld snijd je elke éclair horizontaal doormidden. Vul met slagroom en besprenkel met chocoladeganache.

16. Mini koffie-walnotencake

INGREDIËNTEN:
VOOR DE TAART:
- 2 eieren
- 100 g boter, zacht
- 100 g kristalsuiker
- 100 g zelfrijzend bakmeel
- 1 eetlepel oploskoffie opgelost in 1 eetlepel heet water
- 50 g gehakte walnoten

VOOR HET glazuur:
- 100 g zachte boter
- 200 g poedersuiker
- 1 eetlepel oploskoffie opgelost in 1 eetlepel heet water

INSTRUCTIES:
a) Verwarm uw oven voor op 180°C. Vet een mini-cupcake- of cakevorm in en bekleed deze.
b) Klop in een mengkom de boter en de basterdsuiker tot een romig mengsel. Voeg de eieren één voor één toe en meng goed na elke toevoeging.
c) Zeef het zelfrijzend bakmeel erdoor en voeg de opgeloste koffie toe. Meng tot alles goed gemengd is.
d) Roer de gehakte walnoten erdoor.
e) Schep het beslag in de mini-cakevorm en bak ongeveer 12-15 minuten of tot de cakes goudbruin zijn.
f) Eenmaal afgekoeld, maak je het koffieglazuur door de zachte boter, de poedersuiker en de opgeloste koffie door elkaar te kloppen.
g) IJs de minicakes en garneer indien gewenst met extra gehakte walnoten.

17. Mini- afternoon tea-cakes

INGREDIËNTEN:
VOOR DE THEECAKES:
- 3 eetlepels ongezoet cacaopoeder
- 1 theelepel zuiveringszout
- 1 kopje bloem voor alle doeleinden
- ½ kopje heet water
- 1 theelepel vanille-extract
- 3 eetlepels ongezouten boter, gesmolten
- ⅓ kopje geraspte kokosnoot
- 1 groot ei
- ½ kopje zure room

VOOR HET GLAZUUR:
- 1 eetlepel ongezouten boter
- 1 kopje gezeefde banketbakkerssuiker
- 2 eetlepels water
- ¼ theelepel gemalen kaneel
- ½ ounce ongezoete chocolade
- 1 theelepel vanille-extract

INSTRUCTIES:
VOOR DE THEECAKES:

a) Verwarm uw oven voor op 375 graden F (190 graden C). Bekleed twaalf 2½-inch muffinbekers met papieren voeringen.

b) Doe het cacaopoeder in een kleine kom en roer er ½ kopje zeer heet kraanwater door om de cacao op te lossen.

c) Meng de gesmolten boter en suiker in een grote kom. Klop met een elektrische mixer tot het goed gemengd is.

d) Voeg het ei toe en klop tot het mengsel licht en romig wordt, wat ongeveer 1 tot 2 minuten duurt.

e) Giet het opgeloste cacaomengsel erbij en klop tot het beslag glad is.

f) Roer in een aparte kleine kom de zure room en het zuiveringszout door elkaar. Meng dit door het boter-suiker-cacaomengsel.

g) Voeg de bloem en het vanille-extract voor alle doeleinden toe en klop snel tot de ingrediënten gelijkmatig gemengd zijn. Roer de geraspte kokosnoot erdoor.

h) Schep het beslag in de muffinvormpjes, verdeel het gelijkmatig over de muffinvormpjes en vul ze tot ongeveer driekwart vol.
i) Bak ongeveer 20 minuten of totdat de bovenkant van de theecakes terugveert als je er licht op drukt en een tandenstoker die je in het midden steekt er schoon uitkomt.
j) Haal de theekoekjes uit de muffinbekers en laat ze iets afkoelen op een rooster terwijl je het glazuur maakt.

VOOR DE CHOCOLADEGLAZING :

k) Meng de boter in een kleine pan met 2 eetlepels water. Zet het op laag vuur, voeg de ongezoete chocolade toe en roer tot de chocolade smelt en het mengsel iets dikker wordt. Haal het van het vuur.
l) Meng in een kleine kom de gezeefde banketbakkerssuiker en gemalen kaneel. Roer het gesmolten chocolademengsel en het vanille-extract erdoor tot een glad glazuur ontstaat.
m) Verdeel ongeveer 2 theelepels chocoladeglazuur over elke warme theecake en laat ze goed afkoelen.
n) Deze Afternoon Tea Cakes met hun naar kaneel geurende chocoladeglazuur zorgen voor een heerlijke traktatie om van te genieten bij de thee.

18. Mini Worteltaart Hapjes

INGREDIËNTEN:
VOOR DE TAART:
- 2 eieren
- 100 g plantaardige olie
- 125 g bruine suiker
- 150 g geraspte wortels
- 100 g zelfrijzend bakmeel
- ½ theelepel gemalen kaneel
- ½ theelepel gemalen nootmuskaat
- ½ theelepel vanille-extract
- Een handvol rozijnen (optioneel)

VOOR HET ROOMKAAS glazuur:
- 100 g roomkaas
- 50 g zachte boter
- 200 g poedersuiker
- ½ theelepel vanille-extract

INSTRUCTIES:
a) Verwarm uw oven voor op 180°C. Vet een mini-cupcake- of cakevorm in en bekleed deze.
b) Klop in een mengkom de eieren, plantaardige olie en bruine suiker tot ze goed gemengd zijn.
c) Roer de geraspte wortels, zelfrijzend bakmeel, gemalen kaneel, gemalen nootmuskaat, vanille-extract en rozijnen erdoor (indien gebruikt).
d) Schep het beslag in de mini-cakevorm en bak ongeveer 12-15 minuten, of tot de cakes stevig aanvoelen en een tandenstoker er schoon uitkomt als je hem erin steekt.
e) Eenmaal afgekoeld, maak je de roomkaasglazuur door de roomkaas, zachte boter, poedersuiker en vanille-extract door elkaar te kloppen.
f) IJs de mini-worteltaartjes met de roomkaasglazuur.

19. Mini Rood fluweel-cakejes

INGREDIËNTEN:
VOOR DE TAART
- 2 eieren
- 100 g boter, zacht
- 150 g kristalsuiker
- 150 g bloem voor alle doeleinden
- 1 eetlepel ongezoet cacaopoeder
- ½ theelepel zuiveringszout
- ½ theelepel witte azijn
- ½ theelepel vanille-extract
- Een paar druppels rode kleurstof
- 125 ml karnemelk

VOOR HET ROOMKAAS glazuur:
- 100 g roomkaas
- 50 g zachte boter
- 200 g poedersuiker
- ½ theelepel vanille-extract

TIES:

a) Verwarm uw oven voor op 180°C. Vet een mini-cupcake- of cakevorm in en bekleed deze.
b) Klop in een mengkom de boter en de kristalsuiker romig. Voeg de eieren één voor één toe en meng goed na elke toevoeging.
c) Meng in een aparte kom de bloem en het cacaopoeder.
d) Meng in een andere kleine kom de karnemelk, het vanille-extract en de rode kleurstof.
e) Voeg geleidelijk de droge ingrediënten en het karnemelkmengsel toe aan het boter-suikermengsel, afwisselend tussen de twee, beginnend en eindigend met de droge ingrediënten.
f) Meng het zuiveringszout en de witte azijn in een kleine kom tot het bruist en roer het dan snel door het cakebeslag.
g) Schep het beslag in de mini-cakevorm en bak ongeveer 12-15 minuten of tot de cakes veerkrachtig aanvoelen.
h) Eenmaal afgekoeld, maak je de roomkaasglazuur door de roomkaas, zachte boter, poedersuiker en vanille-extract door elkaar te kloppen.
i) IJs de mini Rood fluweel-cakejes met de roomkaasglazuur.

20. Slagroomsoesjes En Eclairs Ringcake

INGREDIËNTEN:
- 1 kopje lauw water
- 4 eetlepels (½ stokje) ongezouten boter, in stukjes gesneden
- 1 kopje ongebleekte bloem voor alle doeleinden of glutenvrije bloem
- 4 grote eieren, op kamertemperatuur
- Zoute vanille bevroren vla of zoute geitenmelk chocolade bevroren vla
- Chocoladeglazuur (gebruik 4 eetlepels volle melk)

INSTRUCTIES:
a) Verwarm de oven voor op 400 ° F.
b) Combineer het water en de boter in een middelzware pan en breng al roerend aan de kook om de boter te laten smelten. Giet alle bloem erbij en meng tot het mengsel een bal vormt.
c) Haal van het vuur en klop de eieren één voor één erdoor met een elektrische mixer.

VOOR ROOMZOEKJES
d) Schep zes individuele hoopjes deeg van 10 cm op een niet-ingevette bakplaat (maak voor kleinere trekjes twaalf hopen van 2 inch). Bak tot ze goudbruin zijn, ongeveer 45 minuten. Haal uit de oven en laat afkoelen.

VOOR ÉCLAIRS
e) Plaats een spuitzak met een platte punt van ¼ inch en spuit vervolgens zes tot twaalf 4-inch reepjes op een niet ingevette bakplaat. Bak tot ze goudbruin zijn, ongeveer 45 minuten. Haal uit de oven en laat afkoelen.

VOOR EEN RINGCAKE
f) Laat zelfs lepels deeg op een niet-ingevette bakplaat vallen om een ovaal van 30 cm te maken. Bak tot ze goudbruin zijn, 45 tot 50 minuten. Haal uit de oven en laat afkoelen.

VERZAMELEN
g) Bereid het glazuur voor. Snijd de slagroomsoesjes, éclairs of ringcake doormidden. Vul met het ijs en plaats de bovenkant(en) er weer op.
h) Voor slagroomsoesjes doopt u de bovenkant van elk soesje in de chocolade. Voor éclairs schep je het glazuur er royaal overheen. Roer voor de ringcake nog eens 5 eetlepels melk door het glazuur; Sprenkel dit over de ringcake.
i) Voor het serveren legt u de gebakjes of plakjes cake op borden.

MINI TAARTJES

21.Mini gemengde bessentaartjes

INGREDIËNTEN:
- 1 pakje (14 ounces) kant-en-klaar gekoeld taartbodemdeeg
- 1 kopje gemengde bessen (zoals aardbeien, bosbessen, frambozen, bramen)
- 2 eetlepels kristalsuiker
- 1 eetlepel maizena
- 1 eetlepel citroensap
- Slagroom of vanille-ijs voor erbij (optioneel)

INSTRUCTIES:

a) Verwarm uw oven voor op 190°C. Vet een mini-muffinvorm licht in.

b) Rol het taartbodemdeeg uit op een licht met bloem bestoven oppervlak. Snijd met een ronde uitsteker of glas cirkels uit het deeg die iets groter zijn dan de holtes van de mini-muffinvormpjes.

c) Druk elke cirkel deeg in de ingevette mini-muffinvormpjes en vorm minitaartjes.

d) Meng in een kom de gemengde bessen, kristalsuiker, maizena en citroensap tot de bessen gelijkmatig bedekt zijn.

e) Schep het gemengde bessenmengsel in elke minitaartvorm en vul ze bijna tot de bovenkant.

f) Bak in de voorverwarmde oven gedurende 12-15 minuten, of tot de korst goudbruin is en de bessen borrelen.

g) Laat de mini-bessentaartjes een paar minuten afkoelen in de muffinvorm voordat je ze op een rooster legt om volledig af te koelen.

h) Serveer de minitaartjes warm of op kamertemperatuur, eventueel met slagroom of vanille-ijs ernaast.

22.Mini chocolade-pindakaastaartjes

INGREDIËNTEN:
- 1 pakje (14 ounces) kant-en-klaar gekoeld taartbodemdeeg
- 1/2 kopje romige pindakaas
- 1/4 kop poedersuiker
- 4 ons halfzoete chocolade, gehakt
- 1/4 kop zware room
- Gemalen pinda's voor garnering (optioneel)

INSTRUCTIES:
a) Verwarm uw oven voor op 190°C. Vet een mini-muffinvorm licht in.
b) Rol het taartbodemdeeg uit op een licht met bloem bestoven oppervlak. Snijd met een ronde uitsteker of glas cirkels uit het deeg die iets groter zijn dan de holtes van de mini-muffinvormpjes.
c) Druk elke cirkel deeg in de ingevette mini-muffinvormpjes en vorm minitaartjes.
d) Meng in een kom de romige pindakaas en poedersuiker tot een gladde massa en goed gecombineerd.
e) Schep een kleine hoeveelheid van het pindakaasmengsel in elke minitaartvorm en verdeel het gelijkmatig over de bodem.
f) Verhit de slagroom in een kleine pan op middelhoog vuur tot deze net begint te koken.
g) Doe de gehakte chocolade in een hittebestendige kom. Giet de hete room over de chocolade en laat het 1-2 minuten staan.
h) Roer de chocolade en de room door elkaar tot een gladde en glanzende massa om de ganache te maken.
i) Schep de chocoladeganache over de pindakaaslaag in elke minitaartvorm en vul ze bijna tot de bovenkant.
j) Laat de chocolade-pindakaastaartjes een paar minuten afkoelen in de muffinvorm voordat je ze op een rooster legt om volledig af te koelen.
k) Strooi indien gewenst gemalen pinda's over de taartjes ter garnering.
l) Zet de taartjes minimaal 30 minuten in de koelkast voordat je ze serveert.

23.Mini-fruittaartjes

INGREDIËNTEN:
- Bereide minitaartjes of filodeegbekers
- Geassorteerd vers fruit
- 1 kopje vanille banketbakkersroom of custard
- Poedersuiker om te bestuiven (optioneel)
- Verse muntblaadjes voor garnering (optioneel)

INSTRUCTIES:

a) Verwarm de oven voor op de temperatuur die staat aangegeven op de taartvormverpakking of het recept.

b) Als u filodeegbekers gebruikt, bak ze dan volgens de instructies op de verpakking en laat ze afkoelen.

c) Vul elke taartvorm of filodeegbeker met een lepel vanillebanketbakkersroom of custard.

d) Schik het verse fruit bovenop de room, waardoor een kleurrijk geheel ontstaat.

e) Bestrooi eventueel met poedersuiker en garneer met verse muntblaadjes.

f) Serveer deze heerlijke mini-fruittaartjes als een zoete en verfrissende traktatie.

24.Mini-citroentaartjes

INGREDIËNTEN:
VOOR DE TAARTSCHELPEN:
- 1 ¼ kopje bloem voor alle doeleinden
- ¼ kopje poedersuiker
- ½ kopje ongezouten boter, koud en in blokjes

VOOR DE CITROENVULLING:
- ¾ kopje kristalsuiker
- 2 eetlepels maizena
- ¼ theelepel zout
- 3 grote eieren
- ½ kopje vers geperst citroensap
- Schil van 2 citroenen
- ¼ kopje ongezouten boter, in blokjes

INSTRUCTIES:
a) Meng de bloem en de poedersuiker in een keukenmachine. Voeg de koude, in blokjes gesneden boter toe en pulseer tot het mengsel op grove kruimels lijkt.
b) Druk het mengsel in minitaartjesvormpjes en bedek de bodem en zijkanten gelijkmatig. Prik de bodems in met een vork.
c) Zet de taartbodems ongeveer 30 minuten in de koelkast.
d) Verwarm uw oven voor op 175°C.
e) Bak de taartbodems gedurende 12-15 minuten of tot ze goudbruin zijn. Laat ze volledig afkoelen.
f) Klop in een pan de suiker, maizena en zout door elkaar. Klop geleidelijk de eieren, het citroensap en de citroenschil erdoor.
g) Kook het mengsel op middelhoog vuur, onder voortdurend roeren, tot het dikker wordt, ongeveer 5-7 minuten.
h) Haal van het vuur en roer de in blokjes gesneden boter erdoor tot een gladde massa.
i) Vul de afgekoelde taartschelpen met de citroenvulling.
j) Zet minimaal 1 uur in de koelkast voordat u het serveert. Eventueel voor het serveren bestrooien met poedersuiker.
k) Geniet van je mini-citroentaartjes!

25.Mini-chocoladeganachetaartjes

INGREDIËNTEN:
VOOR DE TAARTSCHELPEN:
- 1 ¼ kopje bloem voor alle doeleinden
- ¼ kopje cacaopoeder
- ¼ kopje kristalsuiker
- ½ kopje ongezouten boter, koud en in blokjes

VOOR DE CHOCOLADEGANACHE:
- ½ kopje zware room
- 6 ons halfzoete chocolade, fijngehakt
- 1 eetlepel ongezouten boter

INSTRUCTIES:
a) Meng de bloem, het cacaopoeder en de suiker in een keukenmachine. Voeg de koude, in blokjes gesneden boter toe en pulseer tot het mengsel op grove kruimels lijkt.
b) Druk het mengsel in minitaartjesvormpjes en bedek de bodem en zijkanten gelijkmatig. Prik de bodems in met een vork.
c) Zet de taartbodems ongeveer 30 minuten in de koelkast.
d) Verwarm uw oven voor op 175°C.
e) Bak de taartbodems gedurende 12-15 minuten of tot ze enigszins stevig worden. Laat ze volledig afkoelen.
f) Verhit de slagroom in een kleine pan op middelhoog vuur tot deze begint te koken.
g) Doe de gehakte chocolade in een hittebestendige kom en giet de hete room erover. Laat het een minuutje staan en roer dan tot een gladde massa.
h) Roer de eetlepel boter erdoor tot deze volledig is opgenomen.
i) Vul de afgekoelde taartschelpen met de chocoladeganache.
j) Laat de ganache ongeveer 1 uur op kamertemperatuur komen, of tot hij stevig is.

26. Mini frambozen-amandeltaartjes

INGREDIËNTEN:
VOOR DE TAARTSCHELPEN:
- 1 ¼ kopje bloem voor alle doeleinden
- ¼ kopje poedersuiker
- ½ kopje ongezouten boter, koud en in blokjes

VOOR DE AMANDELVULLING:
- ½ kopje amandelmeel
- ¼ kopje kristalsuiker
- ¼ kopje ongezouten boter, verzacht
- 1 groot ei
- ½ theelepel amandelextract

VOOR MONTAGE:
- Verse frambozen
- Gesneden amandelen

INSTRUCTIES:
BEREIDING VAN DE TAARTSCHELPEN:
a) Meng het bloem voor alle doeleinden en de poedersuiker in een mengkom.
b) Voeg de koude, in blokjes gesneden ongezouten boter toe aan het bloemmengsel.
c) Gebruik een deegsnijder of je vingers om de boter door de bloem te roeren totdat het mengsel op grove kruimels lijkt.

VORM HET DEEG:
d) Voeg geleidelijk het koude water toe aan het bloem- en botermengsel, beetje bij beetje, en meng tot het deeg net samenkomt.
e) Vorm het deeg tot een schijf, wikkel het in plasticfolie en leg het minimaal 30 minuten in de koelkast.
f) Verwarm uw oven voor op 175°C.
g) Rol het gekoelde deeg op een met bloem bestoven oppervlak uit tot een dikte van ongeveer ⅛ inch.
h) Gebruik een ronde uitsteker of een glas om cirkels uit te snijden die iets groter zijn dan de minitaartjes die je gebruikt.

i) Druk de deegcirkels voorzichtig in de minitaartjesvormpjes en zorg ervoor dat ze de bodem en zijkanten gelijkmatig bedekken. Snijd eventueel overtollig deeg af.
j) Meng in een mengkom het amandelmeel, de kristalsuiker, de zachte ongezouten boter, het ei en het amandelextract. Meng tot alles goed gemengd is.

VUL DE TARTLETJES:
k) Schep de amandelvulling gelijkmatig in elk taartje en vul ze ongeveer halverwege.
l) Plaats verse frambozen op de amandelvulling in elk taartje. Je kunt ze rangschikken zoals je wilt, maar het oppervlak bedekken met frambozen ziet er aantrekkelijk uit.

BAK DE TARTJES:
m) Plaats de gevulde taartvormpjes op een bakplaat en bak ze in de voorverwarmde oven gedurende ongeveer 15-18 minuten, of totdat de amandelvulling gestold is en de randen van de taartjes goudbruin zijn.
n) Laat de mini-frambozen-amandeltaartjes iets afkoelen voordat u ze uit de taartvormpjes haalt.
o) Strooi eventueel gesneden amandelen over de bovenkant van de taartjes voor extra knapperigheid en decoratie.
p) Serveer de taartjes warm of op kamertemperatuur als heerlijk dessert of traktatie.

27.Mini hartige quiche Lorraine taartjes

INGREDIËNTEN:
VOOR DE TAARTSCHELPEN:
- 1 ¼ kopje bloem voor alle doeleinden
- ¼ kopje ongezouten boter, koud en in blokjes
- ¼ theelepel zout
- ¼ kopje ijswater

VOOR DE QUICHEVULLING:
- 4 plakjes spek, gehakt
- ½ kopje geraspte Gruyere-kaas
- 2 grote eieren
- 1 kopje zware room
- Zout en peper naar smaak
- Snufje nootmuskaat

INSTRUCTIES:
BEREIDING VAN DE TAARTSCHELPEN:
a) Meng de bloem en het zout voor alle doeleinden in een mengkom.
b) Voeg de koude, in blokjes gesneden ongezouten boter toe aan het bloemmengsel.
c) Gebruik een deegsnijder of je vingers om de boter door de bloem te roeren totdat het mengsel op grove kruimels lijkt.
d) Voeg geleidelijk het ijswater toe, beetje bij beetje, en meng tot het deeg net aan elkaar plakt.
e) Vorm het deeg tot een schijf, wikkel het in plasticfolie en leg het minimaal 30 minuten in de koelkast.
f) Verwarm uw oven voor op 190°C.
g) Rol het gekoelde deeg op een met bloem bestoven oppervlak uit tot een dikte van ongeveer ⅛ inch.
h) Gebruik een ronde uitsteker of een glas om cirkels uit te snijden die iets groter zijn dan de minitaartjes die je gebruikt.
i) Druk de deegcirkels voorzichtig in de taartvormpjes en zorg ervoor dat ze de bodem en zijkanten gelijkmatig bedekken. Snijd eventueel overtollig deeg af.

BLIND BAK DE TAARTSCHELPEN:

j) Bekleed de taartvormpjes met bakpapier en vul ze met taartgewichten of gedroogde bonen om te voorkomen dat het deeg tijdens het bakken gaat opzwellen.
k) Bak in de voorverwarmde oven gedurende ongeveer 10-12 minuten, of totdat de randen van de taartschelpen licht goudbruin zijn.
l) Verwijder het perkamentpapier en de gewichten en bak nog eens 5-7 minuten tot de bodem licht goudbruin is.
m) Haal de taartjes uit de oven en zet ze opzij om af te koelen.

BEREIDING VAN DE QUICHEVULLING:
n) Kook het gehakte spek in een koekenpan op middelhoog vuur tot het knapperig wordt. Verwijder overtollig vet.
o) Strooi de geraspte Gruyere-kaas en het gekookte spek gelijkmatig in de gebakken taartjes.
p) Klop in een mengkom de eieren, slagroom, zout, peper en een snufje nootmuskaat tot alles goed gemengd is.
q) Giet het eimengsel voorzichtig over de kaas en het spek in elk taartje en vul ze tot aan de bovenkant.

BAK DE QUICHETAARTJES:
r) Plaats de gevulde taartvormpjes op een bakplaat en bak ze in de voorverwarmde oven gedurende ongeveer 20-25 minuten, of tot de quiche stevig is en lichtjes opgezwollen.
s) De quichetaartjes moeten als ze klaar zijn een goudbruine bovenkant hebben.
t) Laat de Mini Hartige Quiche Lorraine Tartlets een paar minuten afkoelen voordat u ze voorzichtig uit de taartvormpjes haalt.
u) Serveer de quichetaartjes warm of op kamertemperatuur als heerlijk aperitiefhapje of tussendoortje.

CAKE-POPS EN BALLEN

28.Funfetti-confetti-cakepops

INGREDIËNTEN:
VOOR DE CAKE-POPS:
- 1 doos funfetti cakemix
- 1/2 kopje ongezouten boter, verzacht
- 1/2 kopje volle melk
- 3 grote eieren
- 1/2 kopje kleurrijke confetti-hagelslag

VOOR DE CANDY-COATING:
- 12 oz witte snoepsmelt of witte chocoladestukjes
- 2 eetlepels plantaardige olie of bakvet
- Extra kleurrijke confetti-hagelslag (ter garnering)

VOOR HET MONTEREN VAN DE CAKE POPS:
- Cakepopstokjes of lollystokjes

INSTRUCTIES:
VOOR DE CAKE-POPS:
a) Verwarm de oven voor op de temperatuur die staat aangegeven op de cakemixdoos.
b) Vet een bakblik in en bebloem het of bekleed het met bakpapier.
c) Bereid in een mengkom de funfetti-cakemix volgens de aanwijzingen op de verpakking, met behulp van ongezouten boter, volle melk en eieren.
d) Spatel de kleurrijke confetti-hagelslag voorzichtig door het cakebeslag totdat het gelijkmatig verdeeld is.
e) Bak de cake in de voorverwarmde oven tot een tandenstoker die je in het midden steekt er schoon uitkomt.
f) Laat de taart volledig afkoelen.
g) Zo zet je de cakepops in elkaar:
h) Verkruimel de afgekoelde cake tot fijne kruimels met je handen of een keukenmachine.
i) Rol het mengsel in kleine cakeballetjes, ongeveer zo groot als een pingpongbal, en plaats ze op een met bakpapier beklede bakplaat.
j) Zet de cakeballetjes ongeveer 30 minuten in de koelkast of tot ze stevig zijn.

VOOR DE CANDY-COATING:
k) Smelt in een magnetronbestendige kom de witte candy melts of witte chocoladestukjes met plantaardige olie of bakvet in korte tussenpozen, roer tussendoor tot een gladde massa.

AF TE MAKEN:
l) Dompel de punt van een cakepop-stokje in de gesmolten snoeplaag en steek deze ongeveer halverwege in het midden van een gekoelde cakebal.
m) Dompel de hele cakebal in de gesmolten snoeplaag en zorg ervoor dat deze volledig bedekt is.
n) Bestrooi de gecoate cake pop onmiddellijk met kleurrijke confetti-hagelslag voordat de coating hard wordt.
o) Zet de cakepops rechtop in een piepschuimblok of een cakepopstandaard, zodat de snoeplaag volledig kan uitharden.

29. Klassieke vanillecakepops

INGREDIËNTEN:
VOOR DE CAKE-POPS:
- 1 doos vanillecakemix
- 1/2 kopje ongezouten boter, verzacht
- 1/2 kopje volle melk
- 3 grote eieren

VOOR HET glazuur:
- 1/2 kopje ongezouten boter, verzacht
- 2 kopjes poedersuiker
- 1 theelepel vanille-extract
- 2 eetlepels volle melk

VOOR DE CANDY-COATING:
- 12 oz witte snoepsmelt of witte chocoladestukjes
- Kleurrijke hagelslag (optioneel)

VOOR HET MONTEREN VAN DE CAKE POPS:
- Cakepopstokjes of lollystokjes

INSTRUCTIES:
VOOR DE CAKE-POPS:
a) Verwarm de oven voor op de temperatuur die staat aangegeven op de cakemixdoos.
b) Vet een bakblik in en bebloem het of bekleed het met bakpapier.
c) Bereid in een mengkom het vanillecakemengsel volgens de aanwijzingen op de verpakking, met behulp van ongezouten boter, volle melk en eieren.
d) Bak de cake in de voorverwarmde oven tot een tandenstoker die je in het midden steekt er schoon uitkomt.
e) Laat de taart volledig afkoelen.

VOOR HET glazuur:
f) Klop in een aparte mengkom de zachte boter glad en romig.
g) Voeg geleidelijk de poedersuiker, het vanille-extract en de volle melk toe en blijf kloppen tot het glazuur glad en smeerbaar is.

OM DE CAKE POPS TE MONTEREN:
h) Verkruimel de afgekoelde cake tot fijne kruimels met je handen of een keukenmachine.

i) Voeg het glazuur toe aan de cakekruimels en meng tot alles goed gemengd is.
j) Rol het mengsel in kleine cakeballetjes, ongeveer zo groot als een pingpongbal, en plaats ze op een met bakpapier beklede bakplaat.
k) Zet de cakeballetjes ongeveer 30 minuten in de koelkast of tot ze stevig zijn.

VOOR DE CANDY-COATING:
l) Smelt de witte candy melts of witte chocoladestukjes volgens de aanwijzingen op de verpakking, met behulp van een magnetron of een dubbele boiler.
m) Dompel de punt van een cakepop-stokje in de gesmolten snoeplaag en steek deze ongeveer halverwege in het midden van een gekoelde cakebal.
n) Dompel de hele cakepop in de gesmolten snoeplaag en zorg ervoor dat deze volledig bedekt is.
o) Voeg kleurrijke hagelslag toe (indien gewenst) terwijl de coating nog nat is.

AF TE MAKEN:
p) Zet de cakepops rechtop in een piepschuimblok of een cakepopstandaard, zodat de snoeplaag volledig kan uitharden.

30. Chocolade Fudge Cakeballetjes

INGREDIËNTEN:
VOOR DE TAARTBALLEN:
- 1 doos chocolade-fudge cakemix
- 1/2 kopje ongezouten boter, verzacht
- 1/2 kopje volle melk
- 3 grote eieren

VOOR DE CHOCOLADELAAG:
- 12 oz halfzoete chocoladestukjes of pure chocoladesmelt
- 2 eetlepels plantaardige olie of bakvet
- Chocoladehagelslag of gemalen noten (optioneel, voor garnering)

VOOR HET MONTEREN VAN DE TAARTBALLEN:
- Cakepopstokjes of lollystokjes

INSTRUCTIES:
VOOR DE TAARTBALLEN:
a) Verwarm de oven voor op de temperatuur die staat aangegeven op de cakemixdoos.
b) Vet een bakblik in en bebloem het of bekleed het met bakpapier.
c) Bereid in een mengkom de chocolade-toffeescakemix volgens de aanwijzingen op de verpakking, met behulp van ongezouten boter, volle melk en eieren.
d) Bak de cake in de voorverwarmde oven tot een tandenstoker die je in het midden steekt er schoon uitkomt.
e) Laat de taart volledig afkoelen.

OM DE TAARTBALLEN TE MONTEREN:
f) Verkruimel de afgekoelde cake tot fijne kruimels met je handen of een keukenmachine.
g) Rol de cakekruimels in kleine cakeballetjes, ongeveer zo groot als een pingpongbal, en plaats ze op een met bakpapier beklede bakplaat.
h) Zet de cakeballetjes ongeveer 30 minuten in de koelkast of tot ze stevig zijn.

VOOR DE CHOCOLADELAAG:
i) Smelt in een magnetronbestendige kom de halfzoete chocoladestukjes of pure chocoladesmelt met plantaardige olie of bakvet in korte tussenpozen, roer tussendoor tot een gladde massa.
j) Af te maken:
k) Doop de punt van een cakepop-stick in de gesmolten chocolade en steek deze ongeveer halverwege in het midden van een gekoelde cakebal.
l) Dompel de hele cakebal in de gesmolten chocolade en zorg ervoor dat deze volledig bedekt is.
m) Garneer met hagelslag of gemalen noten (indien gewenst) terwijl de coating nog nat is.
n) Zet de cakeballetjes rechtop in een piepschuimblok of een cakepop-standaard, zodat de chocoladelaag volledig kan uitharden.

31. Citroen-frambozencakepops

INGREDIËNTEN:
VOOR DE CAKE-POPS:
- 1 doos citroencakemix
- 1/2 kopje ongezouten boter, verzacht
- 1/2 kopje volle melk
- 3 grote eieren
- Schil van één citroen

VOOR DE FRAMBOZENVULLING:
- 1 kopje verse frambozen
- 2 eetlepels kristalsuiker

VOOR DE CANDY-COATING:
- 12 oz witte snoepsmelt of witte chocoladestukjes
- Gele of roze voedselkleurstof (optioneel)
- Citroenschil (voor garnering, optioneel)

VOOR HET MONTEREN VAN DE CAKE POPS:
- Cakepopstokjes of lollystokjes

INSTRUCTIES:
VOOR DE CAKE-POPS:
a) Verwarm de oven voor op de temperatuur die staat aangegeven op de cakemixdoos.
b) Vet een bakblik in en bebloem het of bekleed het met bakpapier.
c) Bereid in een mengkom de citroencakemix volgens de aanwijzingen op de verpakking, met behulp van ongezouten boter, volle melk, eieren en citroenschil.
d) Bak de cake in de voorverwarmde oven tot een tandenstoker die je in het midden steekt er schoon uitkomt.
e) Laat de taart volledig afkoelen.

VOOR DE FRAMBOZENVULLING:
f) Pureer in een aparte kom de verse frambozen met kristalsuiker tot een gladde puree.

OM DE CAKE POPS TE MONTEREN:
g) Verkruimel de afgekoelde cake tot fijne kruimels met je handen of een keukenmachine.
h) Meng de frambozenpuree door de cakekruimels tot alles goed gemengd is.

i) Rol het mengsel in kleine cakeballetjes, ongeveer zo groot als een pingpongbal, en plaats ze op een met bakpapier beklede bakplaat.
j) Zet de cakeballetjes ongeveer 30 minuten in de koelkast of tot ze stevig zijn.

VOOR DE CANDY-COATING:

k) Smelt de witte candy melts of witte chocoladestukjes volgens de aanwijzingen op de verpakking, met behulp van een magnetron of een dubbele boiler.
l) Voeg eventueel een paar druppels gele of roze kleurstof toe aan de gesmolten snoeplaag om een pasteltint te verkrijgen.
m) Dompel de punt van een cakepop-stokje in de gesmolten snoeplaag en steek deze ongeveer halverwege in het midden van een gekoelde cakebal.
n) Dompel de hele cakepop in de gesmolten snoeplaag en zorg ervoor dat deze volledig bedekt is.

AF TE MAKEN:

o) Garneer eventueel elke cakepop met een scheutje citroenschil voor een extra vleugje citroensmaak.
p) Zet de cakepops rechtop in een piepschuimblok of een cakepopstandaard, zodat de snoeplaag volledig kan uitharden.

32. Rode fluwelen roomkaastaartballetjes

INGREDIËNTEN:
VOOR DE TAARTBALLEN:
- 1 doos Rood fluweel cakemix
- 1/2 kopje ongezouten boter, verzacht
- 1/2 kopje karnemelk
- 3 grote eieren

VOOR HET ROOMKAAS glazuur:
- 1 pakje (8 oz) roomkaas, verzacht
- 1/4 kopje ongezouten boter, verzacht
- 3 kopjes poedersuiker
- 1 theelepel vanille-extract

VOOR DE CANDY-COATING:
- 12 oz witte snoepsmelt of witte chocoladestukjes
- Rode gelvoedselkleuring (optioneel)
- Rood fluweel cakekruimels (voor garnering, optioneel)

VOOR HET MONTEREN VAN DE TAARTBALLEN:
- Cakepopstokjes of lollystokjes

INSTRUCTIES:
VOOR DE TAARTBALLEN:
a) Verwarm de oven voor op de temperatuur die staat aangegeven op de cakemixdoos.
b) Vet een bakblik in en bebloem het of bekleed het met bakpapier.
c) Bereid in een mengkom de Rood fluweel-cakemix volgens de aanwijzingen op de verpakking, met behulp van ongezouten boter, karnemelk en eieren.
d) Bak de cake in de voorverwarmde oven tot een tandenstoker die je in het midden steekt er schoon uitkomt.
e) Laat de taart volledig afkoelen.

VOOR HET ROOMKAAS glazuur:
f) Klop in een aparte mengkom de zachte roomkaas en boter tot een gladde en romige massa.
g) Voeg geleidelijk de poedersuiker en het vanille-extract toe en blijf kloppen tot het glazuur glad en smeerbaar is.

OM DE TAARTBALLEN TE MONTEREN:

h) Verkruimel de afgekoelde cake tot fijne kruimels met je handen of een keukenmachine.
i) Meng de roomkaasglazuur door de cakekruimels tot alles goed gemengd is.
j) Rol het mengsel in kleine cakeballetjes, ongeveer zo groot als een pingpongbal, en plaats ze op een met bakpapier beklede bakplaat.
k) Zet de cakeballetjes ongeveer 30 minuten in de koelkast of tot ze stevig zijn.

VOOR DE CANDY-COATING:
l) Smelt de witte candy melts of witte chocoladestukjes volgens de aanwijzingen op de verpakking, met behulp van een magnetron of een dubbele boiler.
m) Voeg eventueel een paar druppels rode gelvoedselkleuring toe aan de gesmolten snoeplaag om een levendige rode kleur te verkrijgen.

AF TE MAKEN:
n) Dompel de punt van een cakepop-stokje in de gesmolten snoeplaag en steek deze ongeveer halverwege in het midden van een gekoelde cakebal.
o) Dompel de hele cakebal in de gesmolten snoeplaag en zorg ervoor dat deze volledig bedekt is.
p) Garneer elk cakebolletje eventueel met wat Rood fluweel cakekruimels voor een charmant tintje.
q) Zet de cakeballetjes rechtop in een piepschuimblok of een cakepop-standaard, zodat de snoeplaag volledig kan uitharden.

33. Koekjes En Roomcake Pops

INGREDIËNTEN:
VOOR DE CAKE-POPS:
- 1 doos chocoladetaartmix
- 1/2 kopje ongezouten boter, verzacht
- 1/2 kopje volle melk
- 3 grote eieren
- 1 kopje gemalen chocoladesandwichkoekjes (zoals Oreo)

VOOR DE WITTE CHOCOLADECOATING:
- 12 oz witte snoepsmelt of witte chocoladestukjes
- 2 eetlepels plantaardige olie of bakvet

VOOR HET MONTEREN VAN DE CAKE POPS:
- Cakepopstokjes of lollystokjes

INSTRUCTIES:
VOOR DE CAKE-POPS:
a) Verwarm de oven voor op de temperatuur die staat aangegeven op de cakemixdoos.
b) Vet een bakblik in en bebloem het of bekleed het met bakpapier.
c) Bereid in een mengkom de chocoladetaartmix volgens de aanwijzingen op de verpakking, met behulp van ongezouten boter, volle melk en eieren.
d) Vouw de gemalen chocoladesandwichkoekjes door het cakebeslag tot ze goed gemengd zijn.
e) Bak de cake in de voorverwarmde oven tot een tandenstoker die je in het midden steekt er schoon uitkomt.
f) Laat de taart volledig afkoelen.

OM DE CAKE POPS TE MONTEREN:
g) Verkruimel de afgekoelde cake tot fijne kruimels met je handen of een keukenmachine.
h) Rol het mengsel in kleine cakeballetjes, ongeveer zo groot als een pingpongbal, en plaats ze op een met bakpapier beklede bakplaat.
i) Zet de cakeballetjes ongeveer 30 minuten in de koelkast of tot ze stevig zijn.

VOOR DE WITTE CHOCOLADECOATING:
j) Smelt in een magnetronbestendige kom de witte candy melts of witte chocoladestukjes met plantaardige olie of bakvet in korte tussenpozen, roer tussendoor tot een gladde massa.

AF TE MAKEN:
k) Doop de punt van een cakepop-stick in de gesmolten witte chocolade en steek deze ongeveer halverwege in het midden van een gekoelde cakebal.
l) Dompel de hele cake pop in de gesmolten witte chocolade en zorg ervoor dat deze volledig bedekt is.
m) Versier de cake pops eventueel met extra gemalen chocoladesandwichkoekjes terwijl de coating nog nat is.
n) Zet de cakepops rechtop in een piepschuimblok of een cakepopstandaard, zodat de witte chocoladelaag volledig kan uitharden.

34. Gezouten karamelcakeballetjes

INGREDIËNTEN:
VOOR DE TAARTBALLEN:
- 1 doos karamelcakemix
- 1/2 kopje ongezouten boter, verzacht
- 1/2 kopje volle melk
- 3 grote eieren

VOOR DE GEZOUTEN KARAMELVULLING:
- 1 kopje winkelgekochte of zelfgemaakte karamelsaus
- 1/2 theelepel zeezout

VOOR DE CANDY-COATING:
- 12 oz snoepjes met karamelsmaak smelten
- 2 eetlepels plantaardige olie of bakvet
- Grof zeezout (voor garnering, optioneel)

VOOR HET MONTEREN VAN DE TAARTBALLEN:
- Cakepopstokjes of lollystokjes

INSTRUCTIES:
VOOR DE TAARTBALLEN:
a) Verwarm de oven voor op de temperatuur die staat aangegeven op de cakemixdoos.
b) Vet een bakblik in en bebloem het of bekleed het met bakpapier.
c) Bereid in een mengkom de karamelcakemix volgens de aanwijzingen op de verpakking, met behulp van ongezouten boter, volle melk en eieren.
d) Bak de cake in de voorverwarmde oven tot een tandenstoker die je in het midden steekt er schoon uitkomt.
e) Laat de taart volledig afkoelen.

VOOR DE GEZOUTEN KARAMELVULLING:
f) Meng in een aparte kom de karamelsaus met zeezout tot alles goed gemengd is.

OM DE TAARTBALLEN TE MONTEREN:
g) Verkruimel de afgekoelde cake tot fijne kruimels met je handen of een keukenmachine.
h) Meng de gezouten karamelvulling door de cakekruimels tot alles goed gemengd is.

i) Rol het mengsel in kleine cakeballetjes, ongeveer zo groot als een pingpongbal, en plaats ze op een met bakpapier beklede bakplaat.
j) Zet de cakeballetjes ongeveer 30 minuten in de koelkast of tot ze stevig zijn.

VOOR DE CANDY-COATING:
k) Smelt in een magnetronbestendige kom de candy melts met karamelsmaak of de chocoladestukjes met karamelsmaak in korte tussenpozen met plantaardige olie of bakvet, en roer tussendoor tot een gladde massa.
l) Af te maken:
m) Dompel de punt van een cakepop-stokje in de gesmolten snoeplaag en steek deze ongeveer halverwege in het midden van een gekoelde cakebal.
n) Dompel de hele cakebal in de gesmolten snoeplaag en zorg ervoor dat deze volledig bedekt is.
o) Eventueel kun je elk cakebolletje bestrooien met een snufje grof zeezout voor een extra vleugje smaak.
p) Zet de cakeballetjes rechtop in een piepschuimblok of een cakepop-standaard, zodat de snoeplaag volledig kan uitharden.

35. Aardbeien-cheesecake-cakeballetjes

INGREDIËNTEN:
VOOR DE TAARTBALLEN:
- 1 doos aardbeiencakemix
- 1/2 kopje ongezouten boter, verzacht
- 1/2 kopje volle melk
- 3 grote eieren

VOOR DE CHEESECAKE-VULLING:
- 1 pakje (8 oz) roomkaas, verzacht
- 1/4 kopje kristalsuiker
- 1 theelepel vanille-extract

VOOR DE CANDY-COATING:
- 12 oz witte snoepsmelt of witte chocoladestukjes
- 2 eetlepels plantaardige olie of bakvet

VOOR DE AARDBEI GLAZUUR:
- 1 kopje verse aardbeien, gehakt
- 1/4 kopje kristalsuiker
- 1 eetlepel maizena
- 1 eetlepel water

VOOR HET MONTEREN VAN DE TAARTBALLEN:
- Cakepopstokjes of lollystokjes

INSTRUCTIES:
VOOR DE TAARTBALLEN:
a) Verwarm de oven voor op de temperatuur die staat aangegeven op de cakemixdoos.
b) Vet een bakblik in en bebloem het of bekleed het met bakpapier.
c) Bereid in een mengkom de aardbeientaartmix volgens de aanwijzingen op de verpakking, met behulp van ongezouten boter, volle melk en eieren.
d) Bak de cake in de voorverwarmde oven tot een tandenstoker die je in het midden steekt er schoon uitkomt.
e) Laat de taart volledig afkoelen.

VOOR DE CHEESECAKE-VULLING:
f) Klop in een aparte mengkom de zachte roomkaas, kristalsuiker en vanille-extract tot een glad en romig mengsel.
g) Zo zet je de cakeballetjes in elkaar:

h) Verkruimel de afgekoelde cake tot fijne kruimels met je handen of een keukenmachine.
i) Meng de cheesecakevulling door de cakekruimels tot alles goed gemengd is.
j) Rol het mengsel in kleine cakeballetjes, ongeveer zo groot als een pingpongbal, en plaats ze op een met bakpapier beklede bakplaat.
k) Zet de cakeballetjes ongeveer 30 minuten in de koelkast of tot ze stevig zijn.

VOOR DE CANDY-COATING:
l) Smelt in een magnetronbestendige kom de witte candy melts of witte chocoladestukjes met plantaardige olie of bakvet in korte tussenpozen, roer tussendoor tot een gladde massa.

VOOR DE AARDBEI GLAZUUR:
m) Meng in een pan de gehakte aardbeien, kristalsuiker, maizena en water.
n) Kook op middelhoog vuur, onder voortdurend roeren, tot het mengsel dikker wordt en de aardbeien uiteenvallen in een glazuurachtige consistentie.
o) Haal van het vuur en laat het aardbeienglazuur afkoelen.

AF TE MAKEN:
p) Dompel de punt van een cakepop-stokje in de gesmolten snoeplaag en steek deze ongeveer halverwege in het midden van een gekoelde cakebal.
q) Dompel de hele cakebal in de gesmolten snoeplaag en zorg ervoor dat deze volledig bedekt is.
r) Besprenkel elk cakebolletje met het afgekoelde aardbeienglazuur voor een heerlijke afwerking.
s) Zet de cakeballetjes rechtop in een piepschuimblok of een cakepop-standaard, zodat de snoeplaag volledig kan uitharden.

MINIBOODJES

36. Mini Caprese-sandwiches

INGREDIËNTEN:
- 12 mini-schuifbroodjes of dinerbroodjes
- 12 plakjes verse mozzarellakaas
- 2 tomaten, in plakjes gesneden
- Verse basilicumblaadjes
- Balsamico glazuur
- Zout en peper naar smaak

INSTRUCTIES:

a) Snijd de mini-schuifbroodjes of dinerbroodjes horizontaal doormidden.

b) Leg een plakje mozzarellakaas, een plakje tomaat en een paar basilicumblaadjes op de onderste helft van elk broodje.

c) Besprenkel met balsamicoglazuur en breng op smaak met zout en peper.

d) Plaats de bovenste helft van het broodje op de vulling.

e) Zet de minisandwiches indien gewenst vast met tandenstokers.

f) Serveer en geniet van deze verfrissende Caprese broodjes.

37.Mini-kipsaladesandwiches

INGREDIËNTEN:
- 12 minicroissants of kleine broodjes
- 2 kopjes gekookte kipfilet, versnipperd of in blokjes gesneden
- ½ kopje mayonaise
- 1 eetlepel Dijon-mosterd
- ¼ kopje selderij, fijngehakt
- 2 groene uien, in dunne plakjes gesneden
- Zout en peper naar smaak

INSTRUCTIES:

a) Meng in een kom de geraspte of in blokjes gesneden kipfilet, mayonaise, Dijon-mosterd, selderij en groene uien tot alles goed gemengd is.
b) Breng op smaak met zout en peper.
c) Snijd de minicroissants of broodjes horizontaal doormidden.
d) Schep een royale hoeveelheid kipsalade op de onderste helft van elke croissant of rol.
e) Leg de bovenste helft van de croissant of rol deze op de vulling.
f) Zet de minisandwiches indien gewenst vast met tandenstokers.
g) Serveer en geniet van deze smaakvolle sandwiches met kipsalade.

38. Mini-kalkoen- en cranberrysandwiches

INGREDIËNTEN:
- 12 mini dinerbroodjes of kleine broodjes
- 12 plakjes kalkoenfilet
- ½ kopje cranberrysaus
- Handvol babyspinazie of rucolablaadjes
- ¼ kopje roomkaas
- Zout en peper naar smaak

INSTRUCTIES:
a) Snijd de dinerbroodjes of broodjes horizontaal doormidden.
b) Smeer roomkaas op de onderste helft van elke rol.
c) Leg de gesneden kalkoenfilet, een lepel cranberrysaus en een paar babyspinazie- of rucolablaadjes op de roomkaas.
d) Breng op smaak met zout en peper.
e) Plaats de bovenste helft van de rol op de vullingen.
f) Zet de minisandwiches indien gewenst vast met tandenstokers.

39. Mini-ham- en kaasschuifregelaars

INGREDIËNTEN:
- 12 mini-schuifbroodjes of dinerbroodjes
- 12 plakjes ham
- 12 plakjes kaas (zoals cheddar, Zwitsers of provolone)
- 2 eetlepels Dijonmosterd
- 2 eetlepels mayonaise
- 2 eetlepels boter, gesmolten
- ½ theelepel knoflookpoeder
- ½ theelepel maanzaad (optioneel)

INSTRUCTIES:

a) Verwarm de oven voor op 175°C.

b) Snijd de schuifbroodjes of dinerbroodjes horizontaal doormidden.

c) Verdeel Dijon-mosterd op de onderste helft van elk broodje en mayonaise op de bovenste helft.

d) Leg gesneden ham en kaas op de onderste helft van elk broodje.

e) Plaats de bovenste helft van het broodje op de vulling om sandwiches te maken.

f) Leg de sandwiches in een ovenschaal.

g) Meng in een kleine kom gesmolten boter met knoflookpoeder. Bestrijk het mengsel over de bovenkant van de sandwiches.

h) Strooi indien gewenst maanzaad over de sandwiches.

i) Bedek de ovenschaal met folie en bak gedurende 10-15 minuten of tot de kaas gesmolten is en de broodjes licht geroosterd zijn.

j) Serveer deze warme en kaasachtige ham- en kaassliders.

40. Mini Veggie Club-sandwiches

INGREDIËNTEN:
- 12 mini pitabroodjes of kleine broodjes
- ½ kopje hummus
- 12 plakjes komkommer
- 12 plakjes tomaat
- 12 plakjes avocado
- Handvol sla of spruitjes
- Zout en peper naar smaak

INSTRUCTIES:
a) Snijd de mini-pitabroodjes of broodjes horizontaal doormidden.
b) Verdeel hummus op de onderste helft van elke zak of rol.
c) Leg plakjes komkommer, plakjes tomaat, plakjes avocado en sla of spruitjes op de hummus.
d) Breng op smaak met zout en peper.
e) Plaats de bovenste helft van de zak of rol op de vullingen.
f) Zet de minisandwiches indien gewenst vast met tandenstokers.
g) Serveer en geniet van deze smaakvolle vegetarische clubsandwiches.

KOEKJES

41. Krakeling En Karamelkoekjes

INGREDIËNTEN:
- 1 pakje chocoladetaartmix (normale maat)
- 1/2 kopje boter, gesmolten
- 2 grote eieren, kamertemperatuur
- 1 kopje gebroken miniatuur pretzels, verdeeld
- 1 kop halfzoete chocoladestukjes
- 2 eetlepels gezouten karamel topping

INSTRUCTIES:

a) Verwarm de oven voor op 350 °. Combineer cakemix, gesmolten boter en eieren; klop tot het gemengd is. Roer 1/2 kopje pretzels, chocoladestukjes en karamel-topping erdoor.

b) Laat afgeronde eetlepels met een tussenruimte van 5 cm op ingevette bakplaten vallen. Iets plat maken met de onderkant van een glas; druk de resterende pretzels op elk. Bak 8-10 minuten of tot het gaar is.

c) Koel op pannen 2 minuten. Verwijder het naar roosters om volledig af te koelen.

42. Hennep Buckeye-koekje

INGREDIËNTEN:
- 1 pakje chocoladetaartmix (normale maat)
- 2 grote eieren, kamertemperatuur
- 1/2 kopje olie
- 1 kop halfzoete chocoladestukjes
- 1 kopje romige pindakaas
- 1/2 kopje banketbakkerssuiker

INSTRUCTIES:
a) Verwarm de oven voor op 350 °.
b) Meng het cakemengsel, de eieren en de olie in een grote kom tot het gemengd is. Chocoladestukjes erdoor roeren. Druk de helft van het deeg in een 10-inch. gietijzeren of andere ovenvaste koekenpan.
c) Combineer pindakaas en banketbakkerssuiker; verspreid over het deeg in de koekenpan.
d) Druk het resterende deeg tussen de vellen perkamentpapier in een 10-inch. cirkel; plaats over de vulling.
e) Bak tot een tandenstoker die in het midden is gestoken eruit komt met vochtige kruimels, 20-25 minuten.

43. Cakemix Sandwichkoekjes

INGREDIËNTEN:

- 1 doos chocoladetaartmix van 18,25 ounce
- 1 ei, kamertemperatuur
- ½ kopje boter
- 1 12-ounce badkuip vanilleglazuur

INSTRUCTIES:

a) Verwarm de oven voor op 350 ° F.
b) Bedek een bakplaat met een laag bakpapier. Opzij zetten.
c) Meng het cakemengsel, het ei en de boter in een grote mengkom. Gebruik een elektrische mixer om een glad, uniform beslag te creëren.
d) Rol het koekjesdeeg in balletjes van 1 inch en plaats ze op de bakplaat. Druk elke bal met een lepel plat. Bak gedurende 10 minuten.
e) Laat de koekjes volledig afkoelen voordat u een laagje glazuur tussen twee koekjes aanbrengt.

44.Muesli- en chocoladekoekjes

INGREDIËNTEN:
- chocoladetaartmix van 18,25 ounce
- ¾ kopje boter, verzacht
- ½ kopje verpakte bruine suiker
- 2 eieren
- 1 kopje muesli
- 1 kopje witte chocoladestukjes
- 1 kopje gedroogde kersen

INSTRUCTIES:
a) Verwarm de oven voor op 375 ° F.
b) Meng in een grote kom het cakemengsel, de boter, de bruine suiker en de eieren en klop tot er een beslag ontstaat.
c) Roer de muesli en witte chocoladestukjes erdoor. Laat theelepels met een tussenruimte van ongeveer 5 cm op niet-ingevette bakplaten vallen.
d) Bak gedurende 10-12 minuten of tot de koekjes licht goudbruin zijn aan de randen.
e) Laat het 3 minuten afkoelen op bakplaten en verwijder het dan op een rooster .

45. Taartdoos Suikerkoekjes

INGREDIËNTEN:
- chocoladecakemix van 18,25 ounce
- ¾ kopje boter
- 2 eiwitten
- 2 eetlepels lichte room

INSTRUCTIES:
a) Doe het cakemengsel in een grote kom. Gebruik een deegblender of twee vorken en snijd de boter erdoor tot de deeltjes fijn zijn.
b) Meng het eiwit en de room erdoor tot het gemengd is. Vorm het deeg tot een bal en dek af.
c) Koel gedurende minimaal twee uur en maximaal 8 uur in de koelkast.
d) Verwarm de oven voor op 375 ° F.
e) Rol het deeg in balletjes van 1 inch en plaats deze op niet-ingevette bakplaten. Maak het plat tot een dikte van ¼ inch met de onderkant van het glas.
f) Bak gedurende 7-10 minuten of tot de koekjesranden lichtbruin zijn.
g) Laat het 2 minuten afkoelen op bakplaten en verwijder het dan op roosters om volledig af te koelen.

46. Duitse cakedooskoekjes

INGREDIËNTEN:
- 1 doos van 18,25 ounce Duitse chocoladetaartmix
- 1 kop halfzoete chocoladestukjes
- 1 kopje havermout
- ½ kopje olie
- 2 eieren, lichtgeklopt
- ½ kopje rozijnen
- 1 theelepel vanille

INSTRUCTIES:
a) Verwarm de oven voor op 350 ° F.
b) Combineer alle ingrediënten. Meng goed met een elektrische mixer op lage snelheid. Als er bloemige kruimels ontstaan, voeg dan een scheutje water toe.
c) Laat het deeg met lepels op een niet-ingevette bakplaat vallen.
d) Bak gedurende 10 minuten.
e) Laat ze volledig afkoelen voordat u de koekjes van het vel haalt en op een serveerschaal legt.

ROOM PUFJES

47. Cocktailroomsoesjes

INGREDIËNTEN:
- ½ kopje Boter
- 1 kopje Meel
- 4 eieren
- 1 kopje Kokend water
- 2 eetlepels Boter
- 1 kopje Pecannoten, gehakt
- 1½ kopje Kip, gekookt
- ¼ theelepel Zout
- 3 ons roomkaas
- ¼ kopje Mayonaise
- ¼ theelepel Citroen schil

INSTRUCTIES:

a) Combineer boter en kokend water in een pan. Voeg bloem en zout toe en kook ongeveer 2 minuten of tot het een zachte bal vormt. Voeg de eieren één voor één toe en klop goed.

b) Schep theelepels mengsel op een ingevette bakplaat. Bak gedurende 20 - 22 minuten op 425 graden. Koel op rek.

c) Smelt boter in een koekenpan; voeg de pecannoten toe en kook op laag vuur tot ze bruin zijn. Koel af en combineer de overige ingrediënten . Gebruik om slagroomsoesjes te vullen.

d) Snij een plakje van de bovenkant van de bladerdeeg en vul deze met kipvulling. Bovenbladen vervangen.

48. Frambozenroomsoesjes

INGREDIËNTEN:
- 1 kopje water
- ½ kopje ongezouten boter
- 1 kopje bloem voor alle doeleinden
- 4 grote eieren
- ¼ theelepel zout
- 1 kopje zware room
- ½ kopje frambozenjam

INSTRUCTIES:
a) Verwarm uw oven voor op 220°C.
b) Breng water, zout en boter in een pan aan de kook.
c) Roer de bloem erdoor tot er een glad deeg ontstaat.
d) Haal van het vuur, laat iets afkoelen.
e) Voeg de eieren één voor één toe en meng ze na elk goed.
f) Laat lepels vol op een bakplaat vallen.
g) Bak gedurende 20-25 minuten.
h) Klop de slagroom tot zich stijve pieken vormen.
i) Snijd de soesjes doormidden en vul ze met frambozenjam en slagroom.

49. Hazelnoot En Geroosterde Marshmallow Room Soesjes

INGREDIËNTEN:
HAZELNOOTPRALINE:
- 100 g hazelnoten
- 30 g kristalsuiker
- 12 g water

PRALINE PASTRY CRÈME:
- 142 g volle melk
- 75 g pralinépasta
- 230 g slagroom
- 50 g kristalsuiker
- 22 g maizena
- 45 g eierdooiers
- 45 g ongezouten boter, op kamertemperatuur

COOKIES VOOR CHOUX:
- 180 g lichtbruine suiker
- 150 g bloem voor alle doeleinden
- 30 g amandelmeel
- 85 g ongezouten boter, in stukjes van ¼ inch gesneden

PÂTE À CHOUX:
- 250 g water
- 125 g ongezouten boter, op kamertemperatuur
- 2,5 g koosjer zout
- 138 g bloem voor alle doeleinden
- 250 tot 275 g eieren

ZWITSERSE MERINGUE:
- 100 g eiwit
- 150 g kristalsuiker

INSTRUCTIES:
HAZELNOOTPRALINE:
a) Verwarm de oven voor op 300 ° F. Bekleed een bakplaat met bakpapier en rooster de hazelnoten tot ze heel licht goudbruin zijn. Rooster niet te veel, want ze blijven koken als ze gekarameliseerd zijn.
b) Wrijf de hazelnoten om hun velletjes te verwijderen.
c) Combineer de suiker en het water in een kleine pan op middelhoog vuur. Breng aan de kook en kook gedurende 1 minuut.
d) Voeg de warme hazelnoten toe en roer tot ze gelijkmatig bedekt en gekarameliseerd zijn.
e) Leg de gekarameliseerde hazelnoten op een perkament of met silpat beklede bakplaat om volledig af te koelen.
f) Meng 80 g gekarameliseerde hazelnoten tot het op maïsmeel lijkt, voeg dan de melk toe en mix tot een gladde massa. Houd de resterende 20 g gekarameliseerde hele hazelnoten opzij.

PRALINE PASTRY CRÈME:
g) Verwarm het pralinemelkmengsel en de slagroom in een pan op middelhoog vuur, onder voortdurend roeren.
h) Combineer suiker en maizena in een kleine kom, voeg de eierdooiers toe en klop tot het bleek is.
i) Voeg langzaam ¼ van het melkmengsel toe aan de eidooiers, doe het terug in de pan en kook tot het ingedikt is.
j) Haal van het vuur, voeg boter toe en zeef door een fijne zeef. Laat afkoelen, dek af met plasticfolie en zet 2 uur of een nacht in de koelkast.

COOKIES VOOR CHOUX:
k) Meng bruine suiker, bloem voor alle doeleinden en amandelmeel in de kom van een keukenmixer.
l) Voeg de boter toe en meng tot het is opgenomen, zodat een kruimelig mengsel ontstaat.
m) Rol het deeg uit tussen bakpapier tot een dikte van 1/16 inch. Vries in tot het koud is.

PÂTE À CHOUX:
n) Verwarm de oven voor op 375 ° F.

o) Meng water, boter en zout in een pan. Roer tot de boter gesmolten is.
p) Roer de bloem erdoor tot het deeg loslaat van de zijkanten en glanzend is.
q) Doe het deeg in een mengkom en meng op lage snelheid.
r) Voeg geleidelijk de eieren toe totdat het deeg loslaat van de zijkanten, maar iets teruggrijpt.
s) Doe het deeg in een spuitzak en spuit het volgens een sjabloon op een silpat of bakpapier.
t) Plaats koekjes op de choux met pijpjes en druk lichtjes aan om vast te zetten.
u) Bak op 375°F, verlaag vervolgens de temperatuur naar 350°F gedurende 30-35 minuten en daarna nog eens 10 minuten naar 325°F.

ZWITSERSE MERINGUE:
v) Combineer het eiwit en de suiker in een staande mixerkom boven kokend water. Klop tot een temperatuur van 60°C.
w) Klop op middelhoge snelheid gedurende 5-8 minuten tot er glanzende, stijve pieken ontstaan.

MONTAGE:
x) Snijd de slagroomsoesjes op ¾ van de bovenkant door.
y) Spuit pralinebanketbakkersroom in de soesjes.
z) Spuit Zwitserse meringue op de banketbakkersroom.
aa) Rooster de meringue zachtjes met een butaanbrander.
bb) Plaats de bovenkant van het bladerdeeg er weer op.
cc) Spuit er een klein puntje meringue op en garneer met hele en gehalveerde gekarameliseerde hazelnoten.
dd) Serveer onmiddellijk.

50. Aardbeienroomsoesjes

INGREDIËNTEN:
VOOR DE CRAQUELIN:
- 150 g zachte boter
- 150 g kristalsuiker
- 180 g bloem
- ½ theelepel vanille
- 1 theelepel roze voedselkleurstof

VOOR DE ROOMTOETSEN:
- 1 kopje water
- ½ kopje boter, in blokjes
- 1 kopje bloem voor alle doeleinden
- 4 eieren

VOOR DE SINAASAPPELCRÈME EN AARDBEIENVULLING:
- ½ kopje melk
- ½ kopje room
- 2 eetlepels suiker
- 2 eierdooiers
- 2 eetlepels suiker
- ½ kopje in blokjes gesneden aardbeien

INSTRUCTIES:
MAAK HET CRAQUELIN:

a) Klop boter en suiker tot een bleek mengsel. Voeg vanille-essence en roze voedselkleur toe. Goed mengen. Voeg bloem toe en meng alles. Rol de pasta uit tot een dikte van 1 inch op een bakplaat en vries gedurende 30 minuten in. Knip na het afkoelen cirkels van 3 inch uit.

b) Verwarm je oven voor op 200°C en bekleed een bakplaat met bakpapier.

MAAK HET GEBAK VOOR DE BROODJES:

c) Breng water en boter aan de kook. Haal van het vuur en voeg alle bloem in één keer toe. Meng krachtig totdat er een bal ontstaat. Zet de pan op laag vuur en kook 3-5 minuten. Haal van het vuur en laat afkoelen.

d) Voeg de eieren één voor één toe en meng goed na elke toevoeging. Doe het deeg in een spuitzak en spuit bolletjes op de bakplaat.

e) Bak gedurende 10 minuten, verlaag vervolgens de temperatuur tot 165°C en bak nog eens 20 minuten tot ze bruin zijn. Open de ovendeur niet tijdens het bakken.

f) Terwijl de broodjes afkoelen, maakt u de vulling: Klop de eierdooiers en de suiker in een kom. Kook de melk en de room in een pan en voeg dan de vanille toe. Voeg langzaam het melkmengsel toe aan het eigeelmengsel en blijf voortdurend kloppen. Kook tot het bovenaan borrelt. Haal van het vuur, zeef indien nodig en laat afkoelen. Voeg de sinaasappelschil toe en vouw de in blokjes gesneden aardbeien erdoor.

g) Vul de slagroomsoesjes met de sinaasappel- en aardbeienvulling. Serveer onmiddellijk. Geniet van je Aardbeienroomsoesjes!

51.Citroenwrongel -roomsoesjes

INGREDIËNTEN:
- 1 kopje water
- ½ kopje ongezouten boter
- 1 kopje bloem voor alle doeleinden
- 4 grote eieren
- ¼ theelepel zout
- 1 kopje citroenwrongel
- Poedersuiker om te bestuiven

INSTRUCTIES:
a) Verwarm uw oven voor op 220°C.
b) Breng water, zout en boter in een pan aan de kook.
c) Roer de bloem erdoor tot er een glad deeg ontstaat.
d) Haal van het vuur, laat iets afkoelen.
e) Voeg de eieren één voor één toe en meng ze na elk goed.
f) Laat lepels vol op een bakplaat vallen.
g) Bak gedurende 20-25 minuten.
h) Wanneer afgekoeld, vul met citroengestremde melk.
i) Bestrooi met poedersuiker.

52. Hazelnootpralineroomsoesjes

INGREDIËNTEN:
- 1 kopje water
- ½ kopje ongezouten boter
- 1 kopje bloem voor alle doeleinden
- 4 grote eieren
- ¼ theelepel zout
- 1 kopje hazelnootpralinépasta
- ¼ kopje gehakte geroosterde hazelnoten

INSTRUCTIES:
a) Verwarm uw oven voor op 220°C.
b) Breng in een pan water, zout en boter aan de kook.
c) Roer de bloem erdoor tot er een glad deeg ontstaat.
d) Haal van het vuur, laat iets afkoelen.
e) Voeg de eieren één voor één toe en meng ze na elk goed.
f) Spuit het deeg in kleine rondjes op een bakplaat.
g) Bak gedurende 20-25 minuten.
h) Vul met hazelnootpralinépasta.
i) Bestrooi met gehakte geroosterde hazelnoten.

53. Bosbessenroomsoesjes

INGREDIËNTEN:
- 1 kopje water
- ½ kopje ongezouten boter
- 1 kopje bloem voor alle doeleinden
- 4 grote eieren
- ¼ theelepel zout
- 1 kopje bosbessenjam
- Poedersuiker om te bestuiven

INSTRUCTIES:
a) Verwarm uw oven voor op 220°C.
b) Breng water, zout en boter in een pan aan de kook.
c) Roer de bloem erdoor tot er een glad deeg ontstaat.
d) Haal van het vuur, laat iets afkoelen.
e) Voeg de eieren één voor één toe en meng ze na elk goed.
f) Laat lepels vol op een bakplaat vallen.
g) Bak gedurende 20-25 minuten.
h) Vul de slagroomsoesjes met bosbessenjam.
i) Bestrooi met poedersuiker.

54.Kokosroomsoesjes

INGREDIËNTEN:
- 1 kopje water
- ½ kopje ongezouten boter
- 1 kopje bloem voor alle doeleinden
- 4 grote eieren
- ¼ theelepel zout
- 1 kopje kokosbanketbakkersroom
- Geroosterde kokosnootvlokken ter garnering

INSTRUCTIES:
a) Verwarm uw oven voor op 220°C.
b) Breng water, zout en boter in een pan aan de kook.
c) Roer de bloem erdoor tot er een glad deeg ontstaat.
d) Haal van het vuur, laat iets afkoelen.
e) Voeg de eieren één voor één toe en meng ze na elk goed.
f) Laat lepels vol op een bakplaat vallen.
g) Bak gedurende 20-25 minuten.
h) Vul de soesjes met kokosbanketbakkersroom en garneer met geroosterde kokosvlokken.

55.Espressosaus Roomsoesjes

INGREDIËNTEN:
PUFFEN:
- ½ kopje water
- ¼ kopje gezouten boter, in stukken gesneden
- ½ theelepel kristalsuiker
- ¼ theelepel zout
- ½ kopje bloem voor alle doeleinden
- 3 grote eieren, verdeeld
- poedersuiker, om te bestuiven

VANILLE MASCARPONE CRÈME:
- 1 (8-ounce) container mascarponekaas
- 1 pudding-snackbekertje met vanillesmaak
- 2 eetlepels poedersuiker
- 1 theelepel vanille-extract

CHOCOLADE-ESPRESSO SAUS:
- 4 ons bitterzoete chocolade, gehakt
- ½ kopje zware slagroom
- 2 theelepels gemalen espressobonen

INSTRUCTIES:
a) Verwarm de oven voor op 400 graden en bekleed een bakplaat met bakpapier. Teken zes cirkels van 2 ¼ inch, met een onderlinge afstand van 2 inch op het perkamentpapier. Draai het papier om op de bakplaat en leg het opzij.
b) Meng in een pan water, boter, kristalsuiker en zout. Breng het mengsel aan de kook. Voeg de bloem in één keer toe en kook, al roerend krachtig met een houten lepel, gedurende 2 minuten. Haal van het vuur en laat het 5 minuten afkoelen. Voeg 2 eieren één voor één toe en klop na elke toevoeging goed met een houten lepel.
c) Vul een spuitzak met een ½-inch gewone deegpunt met het deeg. Spuit het deeg in spiralen op het bakpapier, begin bij de rand van de cirkels en werk naar het midden toe, waarbij u de zak geleidelijk optilt. Bestrijk het overgebleven losgeklopte ei over het deeg en strijk de oppervlakken lichtjes glad.
d) Bak gedurende 25 tot 30 minuten of tot de trekjes goudbruin en stevig zijn. Gebruik een houten tandenstoker om gaatjes in elk deeg te prikken zodat de stoom kan ontsnappen. Breng ze over naar een rooster om af te koelen.
e) Bereid de vanille-mascarponecrème voor: Meng in een middelgrote kom mascarponekaas, de vanillepudding-snackbeker, poedersuiker en vanille-extract. Opzij zetten.
f) Bereid de chocolade-espressosaus voor: Doe de chocolade in een kleine hittebestendige kom en zet deze opzij. Combineer de slagroom en de espressobonen in een magnetronbestendige kom. Magnetron op de hoogste stand gedurende 1 minuut, of totdat het begint te koken. Zeef het mengsel door een fijnmazige zeef die over de kom met chocolade wordt geplaatst om de vaste espressodeeltjes te verwijderen.
g) Laat het chocolade-espressomengsel 1 minuut staan en klop het vervolgens tot een gladde massa.
h) Snijd de slagroomsoesjes kruiselings doormidden. Schep de vanille-mascarponecrème in de onderste helften. Vervang de toppen. Giet de chocolade-espressosaus over de bovenkant. Zeef ze indien gewenst met extra poedersuiker.

56.Chai-roomsoesjes

INGREDIËNTEN:
VOOR DE PASTEI EEN CHOUX
- 1 kopje water
- ½ kopje boter, in blokjes gesneden
- ½ theelepel zout
- 1 eetlepel suiker
- 1 kopje bloem
- 4 eieren

VOOR DE CHAI SLAGROOMVULLING
- 1 ½ kopjes zware room
- ¼ kopje chai-concentraat
- ¾ kopje witte chocoladestukjes, gesmolten
- Gemalen kaneel

INSTRUCTIES:
VOOR DE PATE EEN CHOUX:
a) Verwarm de oven voor op 425 ° F.
b) Bekleed een bakplaat met bakpapier en leg deze opzij. Meng het water, de boter, het zout en de suiker in een middelgrote pan op middelhoog vuur.
c) Laat sudderen tot de boter is gesmolten en het mengsel licht kookt. Haal het mengsel van het vuur en roer de bloem erdoor met een houten lepel. Zet het mengsel terug op het vuur en blijf roeren totdat het mengsel van de zijkanten van de pan begint los te laten en er een bal ontstaat.
d) Haal van het vuur en laat het mengsel 4-5 minuten afkoelen. Roer de eieren er één voor één door. Het mengsel kan bij elke toevoeging breken of uit elkaar vallen, maar het moet weer samenkomen voordat het extra ei wordt toegevoegd. Je deeg moet glanzend zijn en een gladde consistentie hebben.
e) Breng het over naar een spuitzak met een grote ronde punt (zoals een koppelstuk) en spuit het ongeveer 5 cm uit elkaar op de bakplaat. Gebruik een kleine hoeveelheid water om pieken op elke deeghoop glad te strijken.
f) Bak gedurende 10 minuten op 425°F, verlaag vervolgens de oventemperatuur tot 375°F en bak gedurende 15-20 minuten of

tot ze goudbruin zijn. Laat de schelpen volledig afkoelen voordat u ze vult.

VOOR DE CHAI SLAGROOMVULLING:

g) Zorg ervoor dat alles koud is voordat u begint, inclusief uw mengkom.
h) Klop de slagroom in een keukenmixer voorzien van een gardeopzetstuk op middelhoge snelheid tot zich stijve pieken vormen. Klop het chai-concentraat erdoor tot het net gemengd is.
i) Zet het mengsel in de koelkast tot het nodig is.

VERZAMELEN:

j) Vul een spuitzak met een grote ronde spuitmond (zoals een Wilton 12) met chai-slagroomvulling.
k) Steek het uiteinde van de spuitzak in de bodem van een afgekoelde crèmekleurige bladerdeegschaal. Spuit de vulling in de afgekoelde schaal tot deze iets naar buiten begint te sijpelen.
l) Doop de gevulde slagroomsoesjes in gesmolten witte chocolade en bestuif met gemalen kaneel. Genieten!

57. Amandelroomsoesjes

INGREDIËNTEN:
- 1 kopje water
- ½ kopje ongezouten boter
- 1 kopje bloem voor alle doeleinden
- 4 grote eieren
- ¼ theelepel zout
- 1 kopje amandelbanketbakkersroom
- Gesneden amandelen ter garnering

INSTRUCTIES:
a) Verwarm uw oven voor op 220°C.
b) Breng in een pan water, zout en boter aan de kook.
c) Roer de bloem erdoor tot er een glad deeg ontstaat.
d) Haal van het vuur, laat iets afkoelen.
e) Voeg de eieren één voor één toe en meng ze na elk goed.
f) Spuit het deeg in kleine rondjes op een bakplaat.
g) Bak gedurende 20-25 minuten.
h) Vul de soesjes met amandelbanketbakkersroom.
i) Garneer met gesneden amandelen.

ECLAIRS

58. Mini-chocolade-eclairs

INGREDIËNTEN:
- 1 vel bladerdeeg, ontdooid
- 1 kopje volle melk
- 2 eetlepels ongezouten boter
- 2 eetlepels bloem voor alle doeleinden
- 2 eetlepels cacaopoeder
- 2 eetlepels kristalsuiker
- Snufje zout
- 2 grote eieren
- 1 kopje zware room
- 2 eetlepels poedersuiker
- Chocoladeganache of gesmolten chocolade voor topping (optioneel)

INSTRUCTIES:
a) Verwarm de oven voor op 200 °C.
b) Rol het ontdooide bladerdeegblad uit en snijd het in kleine rechthoeken, ongeveer 7,5 cm lang en 2,5 cm breed.
c) Plaats de deegrechthoeken op een bakplaat bekleed met bakpapier.
d) Verhit de melk en de boter in een pan op middelhoog vuur tot de boter smelt en het mengsel aan de kook komt.
e) Meng in een aparte kom de bloem, het cacaopoeder, de kristalsuiker en het zout.
f) Voeg geleidelijk het droge mengsel toe aan de kokende melk, onder voortdurend kloppen tot het mengsel dikker wordt en loslaat van de zijkanten van de pan.
g) Haal de pan van het vuur en laat hem iets afkoelen.
h) Klop de eieren één voor één erdoor en zorg ervoor dat elk ei volledig is opgenomen voordat u het volgende toevoegt.
i) Doe het mengsel in een spuitzak met ronde spuitmond.
j) Spuit het mengsel op de voorbereide deegrechthoeken en vorm een lijn door het midden.
k) Bak de eclairs in de voorverwarmde oven gedurende 15-20 minuten, of tot ze goudbruin en gepoft zijn.
l) Haal ze uit de oven en laat ze volledig afkoelen.
m) Klop in een mengkom de slagroom en de poedersuiker tot er stijve pieken ontstaan.
n) Snijd de afgekoelde eclairs horizontaal doormidden en spuit of schep de slagroom op de onderste helften.
o) Plaats de bovenste helften van de eclairs terug op de crème.
p) Optioneel: Besprenkel met chocoladeganache of gesmolten chocolade voor extra verwennerij.
q) Serveer deze heerlijke mini-chocolade-eclairs als een heerlijke gebakjetraktatie.

59.Koekjes En Rooméclairs

INGREDIËNTEN:
VOOR HET SHOUXGEBAK:
- 1 kopje water
- ½ kopje ongezouten boter
- 1 kopje bloem voor alle doeleinden
- ½ theelepel zout
- 1 eetlepel suiker
- 4 grote eieren

VOOR DE KOEKJES EN ROOMVULLING:
- 1 ½ kopjes zware room
- ¼ kopje poedersuiker
- 1 theelepel vanille-extract
- 10 chocoladesandwichkoekjes, gemalen

VOOR DE CHOCOLADEGANACHE:
- 1 kop halfzoete chocoladestukjes
- ½ kopje zware room
- 2 eetlepels ongezouten boter

INSTRUCTIES:
SHOUXGEBAK:
a) Verwarm uw oven voor op 220°C. Bekleed een bakplaat met bakpapier.
b) Meng water, boter, zout en suiker in een pan op middelhoog vuur. Aan de kook brengen.
c) Haal van het vuur en roer snel de bloem erdoor tot er een deeg ontstaat.
d) Zet de pan terug op laag vuur en kook het deeg, onder voortdurend roeren, gedurende 1-2 minuten om het uit te drogen.
e) Breng het deeg over naar een grote mengkom. Laat het een paar minuten afkoelen.
f) Voeg de eieren één voor één toe en klop goed na elke toevoeging tot het deeg glad en glanzend is.
g) Doe het deeg in een spuitzak met een grote ronde spuitmond. Spuit 4-inch lange stroken op de voorbereide bakplaat.

h) Bak gedurende 15 minuten op 425°F, verlaag vervolgens de temperatuur tot 375°F (190°C) en bak nog eens 20 minuten of tot ze goudbruin zijn. Laat volledig afkoelen.

KOEKJES EN ROOMVULLING:
i) Klop de slagroom in een mengkom tot er zachte pieken ontstaan.
j) Voeg poedersuiker en vanille-extract toe. Blijf kloppen tot er stijve pieken ontstaan.
k) Vouw de gemalen chocoladesandwichkoekjes er voorzichtig door.

CHOCOLADEGANACHE:
l) Doe de chocoladestukjes in een hittebestendige kom.
m) Verwarm de slagroom in een pan tot deze net begint te koken.
n) Giet de hete room over de chocolade en laat het een minuutje staan.
o) Roer tot een gladde massa, voeg dan de boter toe en roer tot het gesmolten is.

MONTAGE:
p) Snijd elke afgekoelde eclair horizontaal doormidden.
q) Schep of spuit de koekjes- en roomvulling op de onderste helft van elke eclair.
r) Plaats de bovenste helft van de eclair op de vulling.
s) Dompel de bovenkant van elke eclair in de chocoladeganache of schep de ganache erover.
t) Laat de ganache een paar minuten opstijven.
u) Strooi eventueel nog wat gemalen koekjes erover ter decoratie.
v) Serveer en geniet van de heerlijke combinatie van romige vulling en rijke chocoladeganache in elke Cookie and Cream Éclair!

60. Chocolade Hazelnoot Eclairs

INGREDIËNTEN:
VOOR HET SHOUXGEBAK:
- 1 kopje water
- ½ kopje ongezouten boter
- 1 kopje bloem voor alle doeleinden
- 4 grote eieren

VOOR DE VULLING:
- 2 kopjes banketbakkersroom
- ½ kopje Nutella (hazelnootpasta)

VOOR DE CHOCOLADEHAZELNOOTGANACHE:
- 1 kop pure chocolade, gehakt
- ½ kopje zware room
- ¼ kopje hazelnoten, gehakt (voor garnering)

INSTRUCTIES:
SHOUXGEBAK:
a) Meng water en boter in een pan. Aan de kook brengen.
b) Voeg bloem toe en roer krachtig tot het mengsel een bal vormt. Haal van het vuur.
c) Laat het deeg iets afkoelen, voeg dan één voor één de eieren toe en meng goed na elke toevoeging.
d) Doe het deeg in een spuitzak en spuit eclairs op een bakplaat.
e) Bak in een voorverwarmde oven op 190°C gedurende 25-30 minuten of tot ze goudbruin zijn.

VULLING:
f) Zodra de eclairs zijn afgekoeld, snijdt u ze horizontaal doormidden.
g) Meng Nutella door de banketbakkersroom tot alles goed gemengd is.
h) Vul elke eclair met de chocolade-hazelnootvulling met behulp van een spuitzak of lepel.

CHOCOLADE HAZELNOOT GANACHE:
i) Verwarm de slagroom in een pan tot deze net begint te koken.
j) Giet de hete room over de gehakte pure chocolade. Laat het een minuutje staan en roer dan tot een gladde massa.
k) Dompel de bovenkant van elke eclair in de chocolade-hazelnootganache, zodat een gelijkmatige laag ontstaat.
l) Strooi er gehakte hazelnoten over ter garnering.
m) Laat de ganache ongeveer 15 minuten opstijven voordat je hem serveert.
n) Geniet van uw decadente chocolade-hazelnoot-éclairs!

61.Oranje Eclairs

INGREDIËNTEN:
ECLAIRS:
- 3 eetlepels 70% karnemelk-plantaardige oliespread
- ¼ theelepel zout
- ¾ kopje bloem voor alle doeleinden
- 2 eieren
- 1 eiwit

BANKETBAKKERSROOM:
- ⅔ kopje 1% magere melk
- 3 eetlepels suiker
- 4 theelepels bloem voor alle doeleinden
- 2 theelepels maizena
- ⅛ theelepel zout
- 1 eierdooier
- 1 theelepel 70% karnemelk-plantaardige oliepasta
- 2 theelepels geraspte sinaasappelschil
- 1 theelepel sinaasappelextract
- ½ theelepel vanille
- 12 kopjes bevroren magere, niet-zuivel opgeklopte topping, ontdooid

CHOCOLADE GLAZUUR:
- ¼ kopje magere gezoete gecondenseerde melk
- 2 eetlepels ongezoet cacaopoeder
- 2-4 theelepels water (indien nodig)

INSTRUCTIES:
ECLAIRS:
a) Meng in een kleine pan de plantaardige oliepasta, het zout en ¾ kopje water. Aan de kook brengen. Haal van het vuur.
b) Voeg de bloem in één keer toe en meng snel met een houten lepel tot het mengsel een bal vormt.
c) Zet de pan 3-4 minuten op laag vuur om het deeg te drogen, onder voortdurend roeren met een houten lepel. Het deeg moet zacht en niet plakkerig zijn.
d) Doe het deeg in een keukenmachine of in een grote kom van een krachtige elektrische mixer. Koel gedurende 5 minuten.
e) Voeg de eieren en het eiwit één voor één toe en meng tot een volledig gladde massa na elke toevoeging.
f) Smeer een bakplaat in met anti-aanbakspray. Vul een grote spuitzak (zonder spuitmond) met het deeg. Knijp 8 eclairs, elk met een diameter van 2,5 cm en een lengte van 10 cm, uit op de bakplaat. Laat ze minimaal 10 minuten staan om te drogen.
g) Verwarm de oven voor op 375 ° F. Bak gedurende 35-40 minuten of tot ze goudbruin en gaar zijn. Breng over naar een rek om af te koelen.

BANKETBAKKERSROOM:
h) Roer in een kleine pan de melk, suiker, bloem, maizena en zout door elkaar tot het gemengd is.
i) Kook op middelhoog vuur, onder voortdurend roeren, tot het mengsel aan de kook komt en 4-5 minuten dikker wordt.
j) Haal van het vuur. Klop in een kleine kom de eierdooier lichtjes. Voeg geleidelijk ongeveer ¼ kopje van het hete melkmengsel toe.
k) Klop het eidooiermengsel terug door het melkmengsel in de pan. Zet de pan terug op middelhoog vuur en klop het mengsel tot het net begint te koken, ongeveer 30 seconden. Haal van het vuur.
l) Roer de plantaardige oliepasta, de schil en de sinaasappel- en vanille-extracten erdoor tot een gladde massa en gesmolten. Overbrengen naar een kom.
m) Druk plasticfolie rechtstreeks op het oppervlak. Laat afkoelen tot kamertemperatuur en laat het vervolgens ongeveer 2 uur goed afkoelen in de koelkast.

n) Vouw de opgeklopte topping erdoor. Zet in de koelkast totdat u klaar bent om te monteren.

ÉCLAIRS MONTEREN:
o) Snij elke eclair in de lengte doormidden.
p) Schep ongeveer 3 eetlepels banketbakkersroom in elke eclairbodem. Bovenbladen vervangen.

CHOCOLADE GLAZUUR:
q) Meng in een kleine pan gecondenseerde melk en cacaopoeder.
r) Verwarm op laag vuur, onder voortdurend roeren, tot het mengsel borrelt en dikker wordt, 1-2 minuten.
s) Verdeel over de toppen van de eclairs. Als het glazuur te dik is, verdun dan met 2-4 theelepels water.
t) Serveer meteen en geniet van deze heerlijke Éclairs à l'Orange!

62. Eclairs van passievruchten

INGREDIËNTEN:
VOOR DE ÉCLAIRS:
- ½ kopje ongezouten boter
- 1 kopje water
- 1 kopje bloem voor alle doeleinden
- ¼ theelepel koosjer zout
- 4 eieren

VOOR DE PASSIEFRUITGEBAKCRÈME:
- 6 Passievruchten (sap)
- 5 Eidooiers
- ⅓ kopje maïszetmeel
- ¼ theelepel koosjer zout
- ⅔ kopje kristalsuiker
- 2 kopjes volle melk
- 1 eetlepel boter

INSTRUCTIES:
VOOR DE ÉCLAIRS:
a) Verwarm de oven voor op 425 ° F.
b) Breng in een grote pan op het fornuis water en boter aan de kook.
c) Roer het zout erdoor en voeg, nadat het is opgelost, de bloem toe, roer tot het een gelatineuze bal vormt.
d) Doe het hete deeg in een mengkom en laat het 2 minuten afkoelen.
e) Voeg de eieren één voor één toe, roer tot ze volledig zijn opgenomen.
f) Breng het deeg over in een spuitzak.
g) Spuit op een met bakpapier beklede bakplaat 3-inch lange deegbuizen.
h) Bak tot ze goudbruin zijn, ongeveer 20-25 minuten.
i) Laat de eclairs afkoelen en verdeel ze vervolgens in tweeën, plaats de vulling tussen de helften, of gebruik een spuitzak om de vulling naar binnen te spuiten.

VOOR DE PASSIEFRUITGEBAKCRÈME:
j) Pers de passievrucht uit en verwijder de zaden.
k) Meng in een kom de eierdooiers, maizena, zout en suiker.
l) Voeg geleidelijk hete melk toe aan het eimengsel en blijf voortdurend kloppen om klauteren te voorkomen.
m) Giet het mengsel terug in een pan en verwarm op middelhoog vuur tot het dikker wordt als pudding.
n) Haal van het vuur, voeg passievruchtensap en boter toe aan de hete banketbakkersroom en roer tot alles volledig gemengd is.
o) Laat de banketbakkersroom afkoelen tot kamertemperatuur en bewaar hem vervolgens afgedekt met plasticfolie maximaal 3 dagen in de koelkast.
p) Wanneer u klaar bent om te monteren, doet u de afgekoelde banketbakkersroom in een spuitzak, snijdt u de eclair in plakjes en vult u de binnenkant met room.

63.Volkoren fruitige eclairs

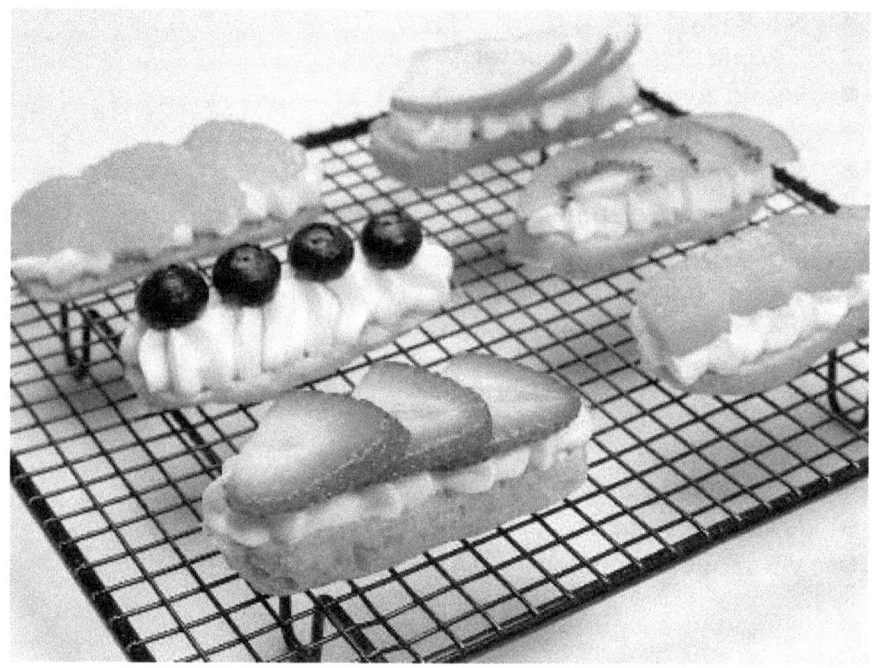

INGREDIËNTEN:
SHOUXGEBAK:
- ½ kopje water
- ¼ kopje ongezouten boter
- Snufje zout
- ¼ kopje bloem voor alle doeleinden
- ¼ kopje volkorenmeel
- 2 stuks hele eieren

VULLING:
- 1 kopje magere melk – of zuivelvrije notenmelk
- 2 eetlepels stevia-suikermengsel
- 1 stuk eigeel
- 2 eetlepels maizena
- Snufje zout
- 1 theelepel vanille
- ½ kopje slagroom
- Vers fruit als topping

INSTRUCTIES:
a) Verwarm de oven voor op 375 ° F/190 ° F. Vet een bakplaat in en bekleed deze.
b) Meng water, boter en zout in een pan. Verhit tot de boter smelt en het water kookt. Zet het vuur lager. Voeg bloem toe en roer krachtig totdat het mengsel de zijkanten van de pan verlaat. Haal van het vuur en laat iets afkoelen. Met een houten lepel; klop de eieren één voor één erdoor tot een gladde massa.
c) Blijf kloppen tot het zeer glad en glanzend is. Breng het mengsel over in een spuitzak. Leid stroken van ongeveer 7,5 cm lang en 2 cm uit elkaar. Bak op 375F gedurende 30-45 minuten; blijf bakken tot de éclairs bruin en volledig droog zijn. Koel op roosters.

BEREIDEN ROOMVULLING:
d) Meng suiker, maizena, zout, melk en eierdooiers in een pan. Kook op middelhoog vuur, onder voortdurend roeren tot het mengsel dikker wordt. Haal van het vuur. Roer vanille erdoor. Zet in de koelkast om af te koelen.
e) Zodra de custard is afgekoeld, roer er voorzichtig de slagroom door. Plaats op een spuitzak.

VERZAMELEN:
f) Vul de gebakjes met roomvulling en garneer met vers fruit.
g) Dienen.

64.Eclairs Van Passievrucht En Frambozen

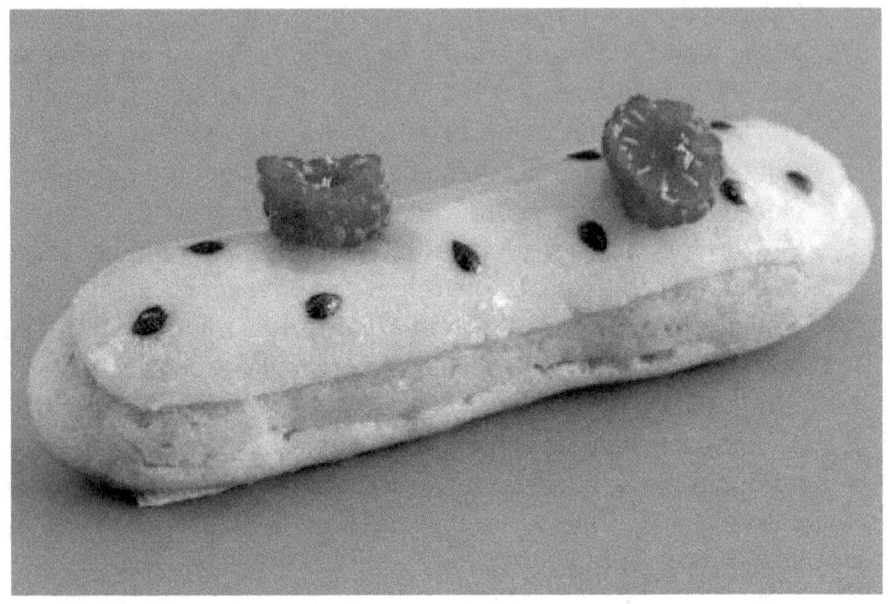

INGREDIËNTEN:
VOOR DE NEUTRALE GLAZUUR:
- 125 g water
- 5 g NH-pectine (1 theelepel)
- 30 g Kristalsuiker
- 100 g kristalsuiker
- 8 g Glucosestroop

VOOR DE PASSIEFRUITCRÈME:
- 75 g Passievruchtensap (ongeveer 7 vruchten)
- 10 g Citroensap
- 1g Gelatine
- 105 g eieren (~2)
- 85 g kristalsuiker
- 155 g boter (kamertemperatuur)

VOOR DE FRAMBOZENGECONFITT:
- 60 g kristalsuiker
- 4 g pectine (bijna een theelepel)
- 90 g Frambozensap
- 30 g Glucosestroop
- 20 g Citroensap

VOOR HET SHOUXGEBAK:
- 85g Melk
- 85 g water
- 1 snufje zout
- 85 g Ongezouten boter
- 85 g Broodmeel
- 148 g eieren
- 3g suiker
- 1 Vanille-extract

DECORATIE:
- 100 g Amandelpasta (met 50% amandelen)
- Gele kleuring (indien nodig)
- Oranje kleuring (indien nodig)
- Gouden voedselglitter (optioneel)
- 20 Verse frambozen

INSTRUCTIES:
VOOR DE NEUTRALE GLAZUUR:
a) Meng 30 g suiker met de pectine.
b) Verhit water in een pan, voeg suiker en pectine toe terwijl je voortdurend roert.
c) Voeg de resterende suiker en glucose toe, onder voortdurend roeren, en breng aan de kook.
d) Zeef het mengsel en zet het minimaal 24 uur in de koelkast voordat u het gebruikt.

VOOR DE PASSIEFRUITCRÈME:
e) Snij de passievruchten in tweeën, haal het vruchtvlees eruit en zeef om het sap te verkrijgen.
f) Laat de gelatine 5 minuten bloeien in het passievruchtensap.
g) Combineer passievruchtensap, citroensap, suiker en eieren in een kom boven kokend water en klop tot het dik is.
h) Laat de room snel afkoelen tot 45°C, voeg vervolgens tweemaal de in blokjes gesneden boter toe en meng met een staafmixer. Laat afkoelen in een spuitzak.

VOOR DE FRAMBOZENGECONFITT:
i) Meng verse frambozen en zeef ze om de zaadjes te verwijderen (het totale gewicht na deze stap zou 90 g moeten zijn).
j) Kook frambozensap, meng suiker en pectine, voeg toe aan frambozen en breng aan de kook. Koel tot het nodig is.

VOOR HET SHOUXGEBAK:
k) Kook melk, water, zout en boter in een pan. Zorg ervoor dat de boter volledig gesmolten is.
l) Haal van het vuur, voeg bloem toe, roer en zet de pan terug op het vuur, klop tot het deeg loskomt van de zijkanten en een dunne film op de bodem achterlaat.
m) Doe het deeg in een kom, laat het afkoelen en voeg de eieren één voor één toe tot het glanzend maar stevig is. Spuit strepen van 11 cm op een ingevette of met bakpapier beklede ovenplaat.
n) Verwarm de oven voor op 250°C, zet hem uit en laat de bakplaat 12-16 minuten in de oven staan. Zet de oven aan op 160°C en bak nog 25-30 minuten.

MONTAGE VAN DE ÉCLAIRS:

o) Maak met de punt van een mes drie gaten in de bodem van gebakken éclairs.

p) Vul de éclairs met een kleine hoeveelheid gekonfijte frambozen en vul ze vervolgens met passievruchtencrème.

q) Bewerk de amandelpasta met kleurstof om een warmgele kleur te krijgen, snijd deze in de vorm van een éclair.

r) Verwarm 120 g neutraal glazuur tot het vloeibaar is (niet meer dan 40°C).

s) Bestrijk de bovenkant van de éclairs met neutraal glazuur en plak er een laagje amandelspijs op.

t) Voeg gouden glitter toe aan het resterende glazuur, glazuur de amandelpasta erover en voeg vervolgens gesneden frambozen en een scheutje overgebleven gekonfijte frambozen toe.

65. Cappuccino- Eclairs

INGREDIËNTEN:
- 1 partij zelfgemaakte of in de winkel gekochte eclairdeegschelpen
- 1 kopje zware room
- 2 eetlepels oploskoffiekorrels
- ¼ kopje poedersuiker
- ½ theelepel vanille-extract
- ¼ kopje cacaopoeder (om te bestuiven)

INSTRUCTIES:
a) Bereid de eclairdeegschaaltjes volgens het recept of de instructies op de verpakking en laat ze afkoelen.
b) Los in een kleine kom de oploskoffiekorrels op in een paar eetlepels heet water. Laat het afkoelen.
c) Klop in een aparte kom de slagroom, de poedersuiker en het vanille-extract tot er stijve pieken ontstaan.
d) Spatel het koffiemengsel voorzichtig door de slagroom.
e) Snijd elke eclairschaal horizontaal doormidden en vul ze met de slagroom met koffiesmaak.
f) Bestuif de bovenkant van de eclairs met cacaopoeder.
g) Serveer en geniet van je zelfgemaakte cappuccino-eclairs!

66. Pistache Citroen Eclairs

INGREDIËNTEN:

VOOR GECANDIEERDE CITROENEN (OPTIONEEL):
- 10 sunquats (mini-citroenen)
- 2 kopjes water
- 2 kopjes suiker

VOOR PISTACHEPASTE:
- 60 g ongepelde pistachenoten (niet geroosterd)
- 10 g druivenpitolie

VOOR PISTACHE-CITROENMOUSSELINE CRÈME:
- 500 gram melk
- Schil van 2 citroenen
- 120 g dooier
- 120 gram suiker
- 40 g maizena
- 30 g pistachepasta (of 45 g indien in de winkel gekocht)
- 120 g zachte boter (in blokjes gesneden)

VOOR PISTACHE MARSEPEIN:
- 200 g marsepein
- 15 g pistachepasta
- Groene voedselkleurstof (gel)
- Een beetje poedersuiker

VOOR SHOUXGEBAK:
- 125 g boter
- 125 gram melk
- 125 gram water
- 5 gram suiker
- 5 g zout
- 140 g bloem
- 220 gram eieren

VOOR GLAZEN:
- 200 g nappage neutre (neutrale geleiglazuur)
- 100 gram water
- Groene voedselkleurstof (gel)

VOOR DECORATIE:
- Gemalen pistachenoten

INSTRUCTIES:
GECANDIEERDE CITROENEN (OPTIONEEL):
a) Maak een ijsbad (een pan met water en ijs) klaar en zet het opzij.
b) Gebruik een scherp mes om dunne plakjes citroen te snijden. Gooi de zaden weg.
c) Breng in een andere pan water aan de kook. Haal van het vuur en voeg onmiddellijk de schijfjes citroen toe aan het hete water. Meng tot de plakjes zacht worden (ongeveer een minuut).
d) Giet het hete water door een zeef en leg de schijfjes citroen een seconde in het ijsbad. Giet ijskoud water af met behulp van de zeef.
e) Meng water en suiker in een grote pan op hoog vuur. Meng tot de suiker smelt en breng dan aan de kook.
f) Zet het vuur middelhoog en gebruik een tang om de schijfjes citroen in het water te leggen, zodat ze blijven drijven. Kook op laag vuur tot de korst transparant wordt, ongeveer 1½ uur.
g) Verwijder de citroenen met een tang en plaats ze op een koelrek. Leg een stuk bakpapier onder het koelrek om eventuele siroop op te vangen die van de schijfjes citroen druipt.

PISTACHE PASTA:
h) Verwarm de oven voor op 160°C.
i) Rooster de pistachenoten op een bakplaat gedurende ongeveer 7 minuten tot ze lichtbruin kleuren. Laat ze afkoelen.
j) Maal de afgekoelde pistachenoten tot poeder in een kleine keukenmachine. Voeg de olie toe en maal opnieuw tot het een pasta wordt. Bewaar het in de koelkast tot gebruik.
k) Pistache-citroenmousselinecrème:
l) Breng de melk aan de kook. Zet het vuur uit, voeg de citroenschil toe, dek af en laat het 10 minuten staan.
m) Meng de eierdooiers en suiker in een kom. Klop onmiddellijk, voeg dan maizena toe en klop opnieuw.
n) Voeg al kloppend de warme melk toe. Giet het mengsel door een zeef in een schone pan en gooi de citroenschil die in de zeef achterblijft weg.
o) Verhit op middelhoog vuur en klop tot het mengsel dikker en romig wordt. Haal van het vuur.

p) Doe de room in de kom met de pistachepasta. Klop tot een uniform mengsel. Dek af met plasticfolie om korstvorming te voorkomen en zet in de koelkast.
q) Wanneer de room een temperatuur van 40°C (104°F) heeft bereikt, voeg dan geleidelijk de zachte boter toe en meng goed. Dek af met plasticfolie en zet in de koelkast.

SHOUXGEBAK:
r) Zeef de bloem en zet het opzij.
s) Voeg in een pan boter, melk, water, suiker en zout toe. Verhit op middelhoog tot de boter smelt en het mengsel aan de kook komt.
t) Haal van het vuur, voeg onmiddellijk de bloem in één keer toe en meng goed tot een uniform mengsel ontstaat dat lijkt op aardappelpuree. Dit is de panademix.
u) Droog de panade ongeveer een minuut op laag vuur, al roerend met een spatel, totdat deze zich begint terug te trekken van de zijkanten van de pan en stolt.
v) Doe de panade in een mengkom en laat hem iets afkoelen. Klop de eieren in een aparte kom en voeg ze geleidelijk toe aan de mixer, wachtend tot elke toevoeging is gecombineerd voordat je er meer toevoegt.
w) Meng op lage tot gemiddelde snelheid tot het beslag glad, glanzend en stabiel is.
x) Verwarm de oven voor op 250°C. Bekleed een bakplaat met bakpapier of een dun laagje boter.
y) Spuit 12 cm lange reepjes beslag op de bakplaat. Open de ovendeur niet tijdens het bakken.
z) Open na 15 minuten de ovendeur een stukje (ongeveer 1 cm) om stoom te laten ontsnappen. Sluit het en stel de temperatuur in op 170°C (340°F). Bak 20-25 minuten tot de éclairs bruin zijn.
aa) Herhaal met het resterende beslag.

PISTACHE MARSEPEIN:
bb) Snijd de marsepein in blokjes en meng met een platte klopper tot het zacht en homogeen is. Voeg pistachepasta en groene kleurstof (indien gewenst) toe en meng tot een uniform geheel.
cc) Rol de marsepein uit tot een dikte van 2 mm en snij reepjes op maat van de éclairs.

MONTAGE:
dd) Snij twee kleine gaatjes in de bodem van elke éclair.
ee) Vul elke éclair via de gaatjes met de pistache-citroencrème.
ff) Bestrijk een kant van elk marsepeinen reepje met wat glazuur en plak dit op de éclairs.
gg) Doop elke éclair in het glazuur, zodat het overtollige glazuur eraf kan druipen.
hh) Versier met gekonfijte citroenschijfjes of gehakte pistachenoten.
ii) Koel tot klaar om te serveren.

67. Esdoorn geglazuurde eclairs gegarneerd met noten

INGREDIËNTEN:
ECLAIR-SCHELPEN:
- ½ kopje melk
- ½ kopje water
- 2 eetlepels witte kristalsuiker
- ¼ theelepel zout (inkoken tot een snuifje als je gezouten boter gebruikt)
- ½ kopje ongezouten boter
- ½ theelepel vanille-extract
- 1 ¼ kopjes bloem voor alle doeleinden, gepeperd en geëgaliseerd
- 4 grote eieren

GLAZUUR:
- ⅔ kopje glazuur/banketbakkerssuiker
- 3 eetlepels ahornsiroop

TOPPING:
- ½ kopje gehakte walnoten of pecannoten
- Bestrooi met fleur de sel-zout

MASCARPONE SLAGROOM:
- 1 kopje mascarpone
- ⅔ kopje zware slagroom
- ¼ kopje witte suiker
- 2 eetlepels ahornsiroop

INSTRUCTIES:
VOOR DE ECLAIR-SCHELPEN:
a) Verwarm de oven voor op 450 ° F met roosters in het bovenste en onderste derde deel. Bekleed twee bakplaten met bakpapier.

b) Meng in een middelgrote pan op middelhoog vuur melk, water, suiker, zout en boter. Breng het mengsel aan de kook, klop de vanille erdoor en voeg in één keer de bloem toe. Roer totdat het mengsel loskomt van de zijkant van de pot.

c) Zet het vuur laag en blijf ongeveer 3 minuten koken, onder voortdurend roeren, om het vocht te verwijderen. Haal van het vuur en doe het in een mengkom of de kom van een keukenmixer.

d) Roer 2-3 minuten om het mengsel af te koelen. Voeg de eieren één voor één toe en klop goed na elke toevoeging. Doe het mengsel in een spuitzak en laat het 20 minuten rusten.
e) Spuit het beslag in boomstammen van ongeveer 5-6 inch lang en 1 inch breed, en laat er gelijke ruimte tussen. Zorg ervoor dat ze niet te dun zijn, want ze hebben dikte nodig om later in plakjes te snijden.
f) Plaats in de voorverwarmde oven en VERLAAG ONMIDDELLIJK DE HITTE NAAR 350°F. Bak gedurende 35-40 minuten tot ze goudbruin, gepoft en knapperig zijn. Koel op een rooster.

VOOR HET GLAZUUR:
g) Snijd vóór het beglazing de eclairs bijna door en laat aan één kant een "scharnier" achter. Meng in een kleine kom de poedersuiker met ahornsiroop tot er een dun glazuur ontstaat.
h) Bestrijk de eclair met het glazuur en bestrooi hem onmiddellijk met gehakte walnoten en eventueel een snufje zout. Laat het op kamertemperatuur staan totdat het glazuur hard wordt.

VOOR DE VULLING:
i) Meng mascarpone, slagroom, suiker en ahornsiroop in een grote kom of de kom van een keukenmixer voorzien van de garde.
j) Klop tot het mengsel dikker wordt tot een piping-consistentie. Doe het in een spuitzak en vul elke eclair. (De vulling kan van tevoren worden gemaakt, afgedekt, gekoeld en dichter bij het serveren worden doorgesluisd.)
k) Gevulde eclairs blijven het grootste deel van de dag goed onafgedekt in de koelkast.

CROISSANTEN

68. Mini-amandelcroissants

INGREDIËNTEN:
- 6 mini-croissants
- ½ kopje amandelspijs
- ¼ kopje ongezouten boter, verzacht
- ¼ kopje poedersuiker
- ½ theelepel amandelextract
- Gesneden amandelen voor de topping
- Poedersuiker om te bestuiven (optioneel)

INSTRUCTIES:
a) Verwarm de oven voor op 175°C.
b) Snijd de mini-croissants in de lengte doormidden.
c) Meng in een kom de amandelspijs, de zachte boter, de poedersuiker en het amandelextract tot alles goed gemengd en glad is.
d) Verdeel een royale hoeveelheid van het amandelspijsmengsel op de onderste helft van elke croissant.
e) Plaats de bovenste helft van de croissant terug op de vulling.
f) Strooi gesneden amandelen over de bovenkant van elke croissant.
g) Leg de croissants op een bakplaat bekleed met bakpapier.
h) Bak in de voorverwarmde oven gedurende 10-12 minuten, of tot de croissants goudbruin en knapperig zijn.
i) Haal ze uit de oven en laat ze iets afkoelen.
j) Eventueel bestrooien met poedersuiker.
k) Serveer deze heerlijke mini-amandelcroissants als een smakelijke en nootachtige gebakjetraktatie.

69. Croissants met roze roos en pistache

INGREDIËNTEN:
- 1 kopje volle melk
- ¾ kopje warm water
- 2 (4-½ theelepels) enveloppen Gist
- 4 kopjes bloem voor alle doeleinden
- 1 ¼ kopjes ongezouten boter, koud
- 4 eetlepels suiker
- 2 theelepels zeezout
- 1 ei
- Snufje zout
- Roze snoep smelt
- 1 kop gehakte pistachenoten
- 1 kopje gevriesdroogde frambozen

INSTRUCTIES:
CROISSANTEN:
a) Meng het water en de melk en verwarm tot 100°-110°F. Giet ¼ kopje in een kleine kom en los de gist op, laat 5 minuten staan of tot het schuimig is.

b) Meng in een grote kom de bloem en ¼ kopje boter met een vork, blender of keukenmachine op de deegstand. Meng tot het mengsel op broodkruim lijkt. Roer de suiker en het zout erdoor.

c) Maak een kuiltje in het midden van de bloem en giet de gist, de resterende melk en het water erin. Meng goed tot een deeg en kneed het op een licht met bloem bestoven oppervlak tot een gladde massa, ongeveer 6 minuten. Doe terug in de kom, dek af met plasticfolie en laat 20 minuten rusten.

d) Bekleed twee bakplaten met bakpapier; deze zijn nodig voor de koelstappen van het deeg.

e) Plaats de resterende boter tussen 2 vellen was- of bakpapier en maak het plat met een deegroller tot het waterpas is en ongeveer 20 x 20 cm groot. Laat het afkoelen tot het klaar is voor gebruik.

f) Leg het deeg op een licht met bloem bestoven oppervlak en rol het uit tot een vierkant van 10 x 10 inch.

g) Plaats het afgeplatte vierkantje boter op het deeg, gedraaid tot een ruitvorm (de hoeken van de boter wijzen naar de rechte zijden van het deeg) en vouw de blootliggende hoeken van het deeg over de boter zodat het als een envelop in het midden past, waarbij je zachtjes knijpt de randen samen. Zorg ervoor dat u het deeg niet overlapt, maar zorg ervoor dat de randen bij elkaar komen. Laat 20 minuten afkoelen.

h) Begin het deeg vanuit het midden naar buiten te rollen, zodat een rechthoek van 24 "lang en 10" breed ontstaat. Probeer de zijkanten en hoeken recht en vierkant te houden. Vouw het in drieën, veeg overtollige bloem eraf, breng het linker derde deel bovenop het middelste derde deel en vouw dan het rechter derde deel over de stapel, je houdt een rechthoek van 10 "x 8" over. Dek af met plasticfolie en laat 20 minuten afkoelen.

i) Draai de rechthoek horizontaal en rol hem uit tot 24 "x 10" en vouw hem opnieuw in drieën, en laat nog eens 20 minuten afkoelen.

j) Rol vervolgens de rechthoek uit tot 60 x 40 cm, snijd de lange zijde van het deeg doormidden, zodat je twee stukken van 12 x 16 inch hebt, plaats de ene op de andere, lijn de snijranden uit en bedek ze met plasticfolie. en zet 20 minuten in de koelkast.

k) Rol elk stuk uit tot een formaat van 50 x 30 cm, in de lengte doormidden gesneden, zodat je twee stukken van 20 x 15 cm breed hebt, dek af en zet nog eens 10 minuten in de koelkast.

l) Begin met het eerste stuk en rol het deeg 30 cm lang en 20 cm breed uit. Maak driehoeken met een liniaal, meet stappen van 5 inch langs de lange rand en snij bij elke tussenruimte een kleine spleet.

m) Doe hetzelfde aan de andere kant, begin met de inkepingen in het midden van de andere markeringen, zodat je een "punt" creëert in je driehoek. Verbind met een pizzasnijder alle markeringen zodat je 11 driehoeken overhoudt, plus twee helften, die je tegen elkaar kunt drukken om nog een driehoek te maken, 12 in totaal.

n) Rol elke driehoek één voor één strak op, van de basis tot aan de punt, en veeg eventueel overtollig bloem weg. Leg ze op een bakplaat in 3 rijen van 4, gelijkmatig verdeeld, met de punten eronder, en laat ze op een warme plaats rijzen tot ze in volume verdubbeld zijn, of ongeveer een uur. Herhaal het proces voor het tweede stuk deeg.

o) Verwarm de oven voor op 350°F of convectiebak op 325°F. Klop het ei in een kleine kom met een snufje zout, bestrijk de croissants met eierwas en bak ze 20-25 minuten of tot ze diep goudbruin zijn.

DIPPEN:

p) Smelt de roze candy melts volgens de aanwijzingen op de verpakking.

q) Hak 1 kopje pistachenoten grof en zet opzij.

r) Verkruimel 1 kopje gevriesdroogde frambozen grof en zet opzij.

s) Dompel de helft van elke croissant in het gesmolten roze snoepje en plaats deze op een rooster.

t) Strooi onmiddellijk gehakte pistachenoten of gemalen gevriesdroogde frambozen over de gedoopte helft van de croissants en druk ze voorzichtig in de natte snoepsmelt.

u) Herhaal het dompel- en strooiproces voor de overige croissants.

v) Laat het snoep smelten voordat u het serveert, ongeveer 15 minuten.

70. Lavendel-honingcroissants

INGREDIËNTEN:
- Basis croissantdeeg
- ¼ kopje honing
- 1 eetlepel gedroogde culinaire lavendel
- 1 ei losgeklopt met 1 eetlepel water

INSTRUCTIES:
a) Rol het croissantdeeg uit tot een grote rechthoek.
b) Snijd het deeg in driehoeken.
c) Meng de honing en lavendel in een kleine kom.
d) Smeer een dun laagje lavendelhoning op de onderste helft van elke croissant.
e) Plaats de bovenste helft van de croissant terug en druk zachtjes aan.
f) Leg de croissants op een met bakpapier beklede bakplaat, bestrijk ze met ei en laat ze 1 uur rijzen.
g) Verwarm de oven voor op 200 °C en bak de croissants in 20-25 minuten goudbruin.

71. Croissants met rozenblaadjes

INGREDIËNTEN:
- Basis croissantdeeg
- ¼ kopje gedroogde rozenblaadjes
- ¼ kopje suiker
- 1 ei losgeklopt met 1 eetlepel water

INSTRUCTIES:
a) Rol het croissantdeeg uit tot een grote rechthoek.
b) Snijd het deeg in driehoeken.
c) Meng de gedroogde rozenblaadjes en suiker in een mengkom.
d) Strooi het rozenblaadjesmengsel op de onderste helft van elke croissant.
e) Plaats de bovenste helft van de croissant terug en druk zachtjes aan.
f) Leg de croissants op een met bakpapier beklede bakplaat, bestrijk ze met ei en laat ze 1 uur rijzen.
g) Verwarm de oven voor op 200 °C en bak de croissants in 20-25 minuten goudbruin.

72. Oranjebloesemcroissants

INGREDIËNTEN:
- Basis croissantdeeg
- ¼ kopje oranjebloesemwater
- ¼ kopje suiker
- 1 ei losgeklopt met 1 eetlepel water

INSTRUCTIES:
a) Rol het croissantdeeg uit tot een grote rechthoek.
b) Snijd het deeg in driehoeken.
c) Meng het oranjebloesemwater en de suiker in een kleine kom.
d) Smeer een dunne laag van het oranjebloesemmengsel op de onderste helft van elke croissant.
e) Plaats de bovenste helft van de croissant terug en druk zachtjes aan.
f) Leg de croissants op een met bakpapier beklede bakplaat, bestrijk ze met ei en laat ze 1 uur rijzen.
g) Verwarm de oven voor op 200 °C en bak de croissants in 20-25 minuten goudbruin.

73. Hibiscuscroissants

INGREDIËNTEN:
- Basis croissantdeeg
- ¼ kopje gedroogde hibiscusbloemen
- ¼ kopje suiker
- 1 ei losgeklopt met 1 eetlepel water

INSTRUCTIES:
a) Rol het croissantdeeg uit tot een grote rechthoek.
b) Snijd het deeg in driehoeken.
c) Meng de gedroogde hibiscusbloemen en suiker in een mengkom.
d) Strooi het hibiscussuikermengsel op de onderste helft van elke croissant.
e) Plaats de bovenste helft van de croissant terug en druk zachtjes aan.
f) Leg de croissants op een met bakpapier beklede bakplaat, bestrijk ze met ei en laat ze 1 uur rijzen.
g) Verwarm de oven voor op 200 °C en bak de croissants in 20-25 minuten goudbruin.

74. Bosbessencroissants

INGREDIËNTEN:
- Basis croissantdeeg
- 1 kopje verse bosbessen
- ¼ kopje kristalsuiker
- 1 eetlepel maizena
- 1 ei losgeklopt met 1 eetlepel water

INSTRUCTIES:
a) Rol het croissantdeeg uit tot een grote rechthoek.

b) Meng de bosbessen, suiker en maizena in een kleine kom.

c) Verdeel het bosbessenmengsel gelijkmatig over het oppervlak van het deeg.

d) Snijd het deeg in driehoeken.

e) Rol elke driehoek op tot een croissantvorm.

f) Leg de croissants op een met bakpapier beklede bakplaat, bestrijk ze met ei en laat ze 1 uur rijzen.

g) Verwarm de oven voor op 200 °C en bak de croissants in 20-25 minuten goudbruin.

75. Frambozencroissants

INGREDIËNTEN:
- Basis croissantdeeg
- 1 kopje verse frambozen
- ¼ kopje kristalsuiker
- 1 ei losgeklopt met 1 eetlepel water

INSTRUCTIES:

a) Rol het croissantdeeg uit tot een grote rechthoek.

b) Snijd het deeg in driehoeken.

c) Leg op elke croissant verse frambozen.

d) Strooi kristalsuiker over de frambozen.

e) Rol elke driehoek op, beginnend bij het brede uiteinde, en vorm er een halve maan van.

f) Leg de croissants op een met bakpapier beklede bakplaat en laat ze 1 uur rijzen.

g) Verwarm de oven voor op 200 °C en bak de croissants in 20-25 minuten goudbruin.

76. Perzikcroissants

INGREDIËNTEN:
- Basis croissantdeeg
- 2 rijpe perziken, geschild en in blokjes gesneden
- ¼ kopje kristalsuiker
- ½ theelepel gemalen kaneel
- 1 ei losgeklopt met 1 eetlepel water

INSTRUCTIES:
a) Rol het croissantdeeg uit tot een grote rechthoek.

b) Meng de in blokjes gesneden perziken, suiker en kaneel in een kleine kom.

c) Verdeel het perzikmengsel gelijkmatig over het oppervlak van het deeg.

d) Snijd het deeg in driehoeken.

e) Rol elke driehoek op tot een croissantvorm.

f) Leg de croissants op een met bakpapier beklede bakplaat, bestrijk ze met ei en laat ze 1 uur rijzen.

g) Verwarm de oven voor op 200 °C en bak de croissants in 20-25 minuten goudbruin.

77. Gemengde bessencroissants

INGREDIËNTEN:
- Basis croissantdeeg
- ½ kopje gemengde bessen (zoals bosbessen, frambozen en bramen)
- ¼ kopje kristalsuiker
- 1 eetlepel maizena
- 1 ei losgeklopt met 1 eetlepel water

INSTRUCTIES:
a) Rol het croissantdeeg uit tot een grote rechthoek.
b) Meng de gemengde bessen, suiker en maizena in een kleine kom.
c) Verdeel het bessenmengsel gelijkmatig over het oppervlak van het deeg.
d) Snijd het deeg in driehoeken.
e) Rol elke driehoek op tot een croissantvorm.
f) Leg de croissants op een met bakpapier beklede bakplaat, bestrijk ze met ei en laat ze 1 uur rijzen.
g) Verwarm de oven voor op 200 °C en bak de croissants in 20-25 minuten goudbruin.

78. Amerikaanse veenbes en oranje croissants

INGREDIËNTEN:
- 1 vel bladerdeeg, ontdooid
- ¼ kopje cranberrysaus
- ¼ kopje sinaasappelmarmelade
- ¼ kopje geschaafde amandelen
- 1 ei, losgeklopt
- Poedersuiker, om te bestuiven

INSTRUCTIES:
a) Verwarm uw oven voor op 190°C.
b) Rol het bladerdeeg op een licht met bloem bestoven oppervlak uit tot een grote rechthoek. Snij het deeg in 4 gelijke driehoeken.
c) Meng in een mengkom de cranberrysaus, sinaasappelmarmelade en geschaafde amandelen.
d) Verdeel een eetlepel van het mengsel op het breedste deel van elke driehoek. Rol de croissants vanaf het breedste uiteinde naar de punt toe.
e) Leg de croissants op een met bakpapier beklede bakplaat en bestrijk ze met het losgeklopte ei.
f) Bak gedurende 15-20 minuten, tot de croissants goudbruin en knapperig zijn.
g) Bestrooi voor het serveren met poedersuiker.

79. Ananascroissants

INGREDIËNTEN:
- 1 vel bladerdeeg, ontdooid
- 1 blikje gemalen ananas, uitgelekt
- ¼ kopje bruine suiker
- ¼ kopje ongezouten boter, gesmolten
- 1 ei, losgeklopt
- Poedersuiker, om te bestuiven

INSTRUCTIES:
a) Verwarm uw oven voor op 190°C.
b) Rol het bladerdeeg op een licht met bloem bestoven oppervlak uit tot een grote rechthoek. Snij het deeg in 4 gelijke driehoeken.
c) Meng in een mengkom de gemalen ananas, bruine suiker en gesmolten boter.
d) Verdeel een eetlepel van het ananasmengsel op het breedste deel van elke driehoek. Rol de croissants vanaf het breedste uiteinde naar de punt toe.
e) Leg de croissants op een met bakpapier beklede bakplaat en bestrijk ze met het losgeklopte ei.
f) Bak gedurende 15-20 minuten, tot de croissants goudbruin en knapperig zijn.
g) Bestrooi voor het serveren met poedersuiker.

80. Pruimencroissants

INGREDIËNTEN:
- 1 vel bladerdeeg, ontdooid
- 4-5 pruimen, in dunne plakjes gesneden
- 2 eetlepels honing
- ¼ kopje amandelmeel
- 1 ei, losgeklopt
- Poedersuiker, om te bestuiven

INSTRUCTIES:
a) Verwarm uw oven voor op 190°C.
b) Rol het bladerdeeg op een licht met bloem bestoven oppervlak uit tot een grote rechthoek. Snij het deeg in 4 gelijke driehoeken.
c) Meng de gesneden pruimen, honing en amandelmeel in een mengkom.
d) Verdeel een eetlepel van het pruimenmengsel op het breedste deel van elke driehoek. Rol de croissants vanaf het breedste uiteinde naar de punt toe.
e) Leg de croissants op een met bakpapier beklede bakplaat en bestrijk ze met het losgeklopte ei.
f) Bak gedurende 15-20 minuten, tot de croissants goudbruin en knapperig zijn.
g) Bestrooi voor het serveren met poedersuiker.

81. Bananen Eclair Croissants

INGREDIËNTEN:

- 4 Bevroren croissants
- 2 vierkantjes halfzoete chocolade
- 1 eetlepel boter
- ¼ kopje Gezeefde banketbakkerssuiker
- 1 theelepel Heet water; tot 2
- 1 kopje vanillepudding
- 2 middelgrote bananen; gesneden

INSTRUCTIES:

a) Snijd bevroren croissants in de lengte doormidden; samen vertrekken. Verwarm de bevroren croissants op een niet-ingevette bakplaat op een voorverwarmde temperatuur van 325°F. oven 9-11 minuten.

b) Smelt chocolade en boter samen. Roer suiker en water erdoor tot een smeerbaar glazuur.

c) Verdeel ¼ kopje pudding op de onderste helft van elke croissant. Beleg met gesneden bananen.

d) Vervang de croissanttoppen; motregen op chocoladeglazuur.

e) Dienen.

KOEKJE EN MUFFINS

82. Citroen y Cakemix Koekje

INGREDIËNTEN:
- 1 pakje witte chocoladetaartmix
- 1/4 kopje citroenwrongel
- 3 eetlepels citroensap
- 3 theelepels geraspte citroenschil
- 3 eetlepels tinctuur
- 1/2 kopje boter , verzacht
- 3-1/2 kopjes banketbakkerssuiker
- 1/4 kopje pitloze aardbeienjam
- 2 eetlepels 2% melk

INSTRUCTIES:
- Bekleed 24 muffinvormpjes met papieren vormpjes.
- Bereid het cakemixbeslag volgens de aanwijzingen op de verpakking, verminder het water met 4 eetlepels en voeg citroenwrongel, citroensap , citroenschil en tinctuur toe voordat u het beslag mengt.
- Vul voorbereide kopjes voor ongeveer tweederde.
- Bak en koel koekje zoals de verpakking aangeeft.
- Klop in een grote kom de boter , banketbakkerssuiker, jam en melk tot een gladde massa. Vorstgekoelde koekje .

83. Chocolade Karamel Koekje

INGREDIËNTEN:
- 1 pakje chocoladetaartmix
- 3 eetlepels boter
- 24 karamels
- 3/4 kopje halfzoete chocoladestukjes
- 1 kop gehakte walnoten
- Extra walnoten, optioneel

INSTRUCTIES:
a) Bereid het cakemixbeslag volgens de aanwijzingen op de verpakking voor koekje met behulp van boter.
b) Vul 24 met papier beklede muffinbekers voor een derde; zet het resterende beslag opzij. Bak op 350°C gedurende 7-8 minuten of tot de bovenkant van de cupcake stevig lijkt.
c) Druk voorzichtig een karamel in elke cupcake; bestrooi met chocoladestukjes en walnoten. Bestrijk met het resterende beslag.
d) Bak 15-20 minuten langer of tot een tandenstoker er schoon uitkomt.
e) Laat het 5 minuten afkoelen voordat u het uit de pannen naar roosters haalt om volledig af te koelen.

84.Moddertaart Koekje

INGREDIËNTEN:
- 1 chocoladetaartmix van 18,25 ounce plus de ingrediënten die op de doos nodig zijn
- 3 eetlepels boter
- 1 16-ounce badkuip met chocoladeglazuur
- 2 kopjes verkruimelde chocoladesandwichkoekjes
- Chocoladesiroop voor garnering
- 1 8-ounce pakket gummy-wormen

INSTRUCTIES:
a) Bereid en bak koekje volgens de aanwijzingen voor het cakemengsel. Gebruik boter of olie.
b) Laat de koekje volledig afkoelen voordat je ze gaat glazuren.
c) Bestrijk het geheel met koekjeskruimels en besprenkel met chocoladesiroop.
d) Halveer gomachtige wormen. Plaats elke snijrand in glazuur om de illusie te creëren van een worm die in de modder glijdt.

85.Cakemix Pompoenmuffins

INGREDIËNTEN:
- 1 blikje pompoenpuree van 29 ounce
- 1 doos met chocoladetaartmix van 16,4 ounce
- 3 eetlepels olie

INSTRUCTIES:
a) Verwarm de oven voor volgens de aanwijzingen voor het cakemengsel met behulp van olie.
b) Bekleed muffinvormpjes met papieren bakvormpjes.
c) Pompoenpuree door het cakemengsel mengen. Giet in muffinvormpjes.
d) Bak volgens de cakemix-instructies voor muffins.

86. Cakemix Praline Koekje

INGREDIËNTEN:
- chocoladetaartmix van 18,25 ounce
- 1 kopje karnemelk
- ¼ kopje olie
- 4 eieren
- Topping van karamelijs
- Gehakte pecannoten ter garnering
- 72 pralines

INSTRUCTIES:
a) Verwarm de oven voor op 350 ° F. Bekleed een muffinvorm met papieren bakvormpjes.
b) Combineer het cakemengsel, de karnemelk , de olie en de eieren in een grote mengkom en klop met een elektrische mixer op lage snelheid tot er een glad beslag ontstaat. Bakvormpjes voor de helft vullen.
c) Bak 15 minuten of tot de bovenkant goudbruin is. Haal de koekje uit de oven en laat ze volledig afkoelen voordat je de toppings toevoegt.
d) Top koekje met karamel topping; bestrooi met pecannoten en garneer met 3 pralines per cupcake.

87. Pina Colada & Koekje

INGREDIËNTEN:
- van 18,25 ounce witte chocoladetaartmix
- 1 doos van 3,9 ounce instant Franse vanillepuddingmix
- ¼ kopje olie
- ½ kopje water
- 2/3 kop lichte rum, verdeeld
- 4 eieren
- 1 blikje van 14 ounce plus 1 kopje gemalen ananas
- 1 kopje gezoete, geschaafde kokosnoot
- 1 16-ounce kuipje vanilleglazuur
- 1 12-ounce kuipje met niet-zuivel opgeklopte topping
- Geroosterde kokosnoot ter garnering
- Cocktailparasols

INSTRUCTIES:
a) Verwarm de oven voor op 350 ° F.
b) Meng cakemix, puddingmix, olie, water en 1/3 kopje rum met een elektrische mixer op gemiddelde snelheid. Voeg de eieren één voor één toe en klop het beslag langzaam terwijl u doorgaat.
c) Vouw het blikje ananas en kokosnoot erdoor. Giet in pannen en bak gedurende 25 minuten.
d) Om het glazuur te maken, meng je 1 kopje gemalen ananas, wat overblijft 1/3 kopje rum en vanilleglazuur tot het dik is.
e) Voeg een niet-zuivelgeklopte topping toe.
f) Bestrijk volledig gekoelde koekje en garneer met geroosterde kokosnoot en een parasol.

88. Minicakejes met kersen-cola

INGREDIËNTEN:
- 2 eieren
- 1 theelepel vanille
- van 18,25 ounce witte chocoladetaartmix
- ¼ kopje tinctuur
- 1 ¼ kopje cola met kersensmaak
- 1 kant-en-klaar glazuur van 12 ounce naar keuze

INSTRUCTIES:
a) Verwarm de oven voor op 350 ° F.
b) Bekleed een muffinvorm met papieren bakvormpjes. Licht inspuiten met kookspray.
c) Combineer eieren, vanille, cakemix, tinctuur en kersencola in een mengkom en meng goed met een elektrische mixer.
d) Bak gedurende 20 minuten.
e) Helemaal coole koekje

89. Rood fluwelen koekje

INGREDIËNTEN:
- 2 eiwitten
- 2 kopjes Rood fluweel cakemix
- 1 kopje chocoladetaartmix
- ¼ kopje tinctuur
- 1 zak chocoladestukjes van 12 ounce
- 1 blikje citroen-limoen frisdrank van 12 ounce
- 1 12-ounce kuipje kant-en-klare zure roomglazuur

INSTRUCTIES:
a) Verwarm de oven voor op 350 ° F. Bekleed een muffinvorm met papieren bakvormpjes.
b) Combineer het eiwit, beide cakemixen , tinctuur , chocoladestukjes en frisdrank in een grote mengkom. Meng goed totdat er een glad beslag ontstaat. Giet het beslag in bakvormpjes.
c) Bak gedurende 20 minuten.
d) Laat de koekje afkoelen voordat je ze gaat glazuren.

90. Appeltaartkoekje

INGREDIËNTEN:
- witte chocoladecakemix van 18,25 ounce
- ¼ kopje water
- ¼ kopje kokosnoot olie
- 1 ei
- 2 eetlepels bereide pompoentaartkruidenmix
- 1 blikje appeltaartvulling van 15 ounce
- 1 12-ounce kuipje roomkaasglazuur

INSTRUCTIES:
a) Verwarm de oven voor op 350 ° F. Bekleed een muffinvorm met papieren bakvormpjes.
b) Meng de cakemix, het water, de canna-kokosolie, het ei en de kruidenmix met een elektrische mixer tot er een glad beslag ontstaat.
c) Vouw de taartvulling erdoor. Bakvormpjes voor de helft vullen. Bak gedurende 23 minuten.
d) Laat de koekje afkoelen op een rooster voordat je ze gaat glazuren.

91.Krachtig Muis koekje

INGREDIËNTEN:
- 1 doos chocoladetaartmix van 18,25 ounce plus ingrediënten op doos
- 1/2 kopje olie
- 24 kleine ronde chocolademuntkoekjes, gehalveerd
- 1 zak van 12,6 ounce ronde, met snoep bedekte chocolaatjes
- Dunne sliertjes zwarte drop
- 24 bolletjes chocolade-ijs

INSTRUCTIES:
a) Verwarm de oven voor op 375 ° F. Bekleed een muffinvorm met papieren bakvormpjes.
b) Bereid het beslag voor en bak volgens de cakemix-instructies voor koekje met olie .
c) Haal de koekje uit de oven en laat ze volledig afkoelen.
d) Verwijder koekje uit papieren bekertjes.
e) Gebruik gehalveerde ronde koekjes voor de oren, snoepjes voor de ogen en neus, en zoethout voor de snorharen en versier koekje zodat ze op muizen lijken. Plaats op een bakplaat en vries in.

BARS EN VIERKANTEN

92. Schaakstaven

INGREDIËNTEN:
- chocoladetaartmix van 18,25 ounce
- ½ kopje boter
- 4 eieren
- ½ kopje witte suiker
- 1 8-ounce pakket roomkaas, verzacht

INSTRUCTIES:
a) Verwarm de oven voor op 350 ° F.
b) Vet een pan van 9 "x 13" in en bebloem deze. Opzij zetten.
c) Meng in een grote kom het cakemengsel, de boter en 1 ei tot er een zandkoekachtig mengsel ontstaat. Dep het mengsel op de bodem van de pan.
d) Meng in een aparte kom de suiker, de resterende eieren en de zachte roomkaas. Laag bovenop de korst. Bak gedurende 40 minuten of tot ze lichtbruin zijn.
e) Laat het afkoelen in de pan voordat u het in repen snijdt.

93. Frambozen- en chocoladerepen

INGREDIËNTEN:
- 1 doos chocoladetaartmix van 18,25 ounce
- 1/3 kopje verdampte melk
- 1 ½ kopje gesmolten boter
- 1 kop gehakte noten
- ½ kopje pitloze frambozenjam
- Chocoladestukjes van 12 ons

INSTRUCTIES:
a) Verwarm de oven voor op 350 ° F. Vet en bloem 9 "× 13" pan. Opzij zetten.
b) Combineer het cakemengsel, de verdampte melk, de boter en de noten tot een zeer plakkerig, kleverig beslag. Giet de helft van het beslag op de bodem van een pan en bak gedurende 10 minuten.
c) Smelt ondertussen de jam in de magnetron.
d) Haal de gebakken korst uit de oven en bedek met gesmolten jam en chocoladestukjes. Bestrijk met het resterende cakebeslag en bak gedurende 20 minuten.
e) Volledig afkoelen voordat u gaat snijden.

94. Cakemix Kersenrepen

INGREDIËNTEN:
- 1 doos chocoladetaartmix van 18,25 ounce
- 1 blikje kersentaartvulling van 15 ounce
- 1 theelepel amandelextract
- 1 theelepel vanille-extract
- 2 eieren
- 1 kopje suiker
- 7 eetlepels boter
- 1/3 kopje volle melk
- 1 halfzoete chocoladestukjes van 12 ounce

INSTRUCTIES:
a) Verwarm de oven voor op 350 ° F. Spuit een pan van 13 x 9 inch in met anti-aanbakspray. Opzij zetten.
b) Combineer het cakemengsel, de taartvulling, de extracten en de eieren in een grote kom en klop met een elektrische mixer tot alles goed gemengd is.
c) Giet het beslag in de pan en bak op 350 ° F gedurende 25 minuten of tot het helemaal gaar is. Haal uit de oven.
d) Meng suiker, boter en melk in een grote pan. Aan de kook brengen. Haal de pan van het vuur en voeg chocoladestukjes toe, roer terwijl ze smelten.
e) Giet het chocolademengsel over de warme cake en spreid uit om te bedekken. Laat afkoelen en uitharden voordat u het in repen snijdt.

95. Chocolade gelaagde cake

INGREDIËNTEN:
- 1 chocoladetaartmix van 18,25 ounce plus de ingrediënten die op de doos nodig zijn
- 1 6-ounce pot karamelijs topping
- 7-ounce olie
- 1 8-ounce kuipje met zuivelvrije slagroom, ontdooid
- 8 candybars, gehakt of in stukjes gebroken

INSTRUCTIES:
a) Bereid en bak de cake volgens de instructies voor een cake van 9" × 13" . Gebruik spoel.
b) Haal de cake uit de oven en laat 10 minuten afkoelen voordat u met een lange vork of spies gaatjes in de bovenkant van de cake prikt.
c) Giet de karamel en vervolgens de gecondenseerde melk over de cake en vul alle gaten. Laat de cake staan totdat deze volledig is afgekoeld.
d) Bestrijk met opgeklopte topping en bestrooi met stukjes candybar. In de koelkast bewaren

96. Potluck-repen

INGREDIËNTEN:
- van 18,25 ounce witte chocoladetaartmix
- 2 grote eieren
- 1/3 kopje olie
- 1 blikje gezoete gecondenseerde melk
- 1 kop halfzoete chocoladestukjes
- Walnoten, pinda's of kokosnoot naar smaak
- ¼ kopje boter

INSTRUCTIES:
a) Verwarm de oven voor op 350 ° F. Beboter een ovenschaal van 13 x 9 x 2 inch. Zet opzij.
b) Combineer het cakemengsel, de eieren en de olie in een kom en klop tot het gelijkmatig gemengd is. Druk 2/3 van het beslag op de bodem van de pan.
c) Combineer gecondenseerde melk, chocoladestukjes en boter in een magnetronbestendige kom. Magnetron gedurende 1 minuut op hoog vermogen. Verwijder en roer met een vork tot een gladde massa.
d) Giet het chocolademengsel over de korst. Leg noten of kokosnoot op de chocoladelaag. Bestrijk met het resterende cakebeslag.
e) Bak gedurende 20 minuten of tot ze lichtbruin zijn. Laat afkoelen in ovenschaal. Snijd in vierkanten .

97.Botervinger Cookie Bars

INGREDIËNTEN:

- 1 pakje pure chocoladecakemix
- 1 pakje (3,9 ounces) instant chocoladepuddingmix
- 1/2 kop 2% melk
- 1/3 kopje koolzaad olie
- 1/3 kopje boter, gesmolten
- 2 grote eieren, verdeeld gebruik
- 6 botervinger -candyrepen (elk 1,9 ounce), verdeeld
- 1-1/2 kopjes dikke pindakaas
- 1 theelepel vanille-extract
- 1-1/2 kopjes halfzoete chocoladestukjes, verdeeld

INSTRUCTIES:

a) Verwarm de oven voor op 350 °.
b) Meng de cakemix en de puddingmix in een grote kom.
c) Klop in een andere kom de melk, olie, boter en 1 ei tot een mengsel. Voeg toe aan droge ingrediënten; roer tot het bevochtigd is.
d) Druk de helft van het mengsel in een ingevette 15x10x1-in. koekenpan. Bak tot de bovenkant droog lijkt, 6-8 minuten.
e) Snijd ondertussen 2 repen in stukken. Roer pindakaas , vanille en het resterende ei door het resterende cakemixmengsel. Vouw de gehakte repen en 1 kopje chocoladestukjes erdoor.
f) Hak 3 extra candybars fijn; strooi over de warme korst en druk zachtjes aan. Bedek met cakemixmengsel; stevig aandrukken met een metalen spatel.
g) Verpletter de resterende reep; strooi de gemalen reep en de resterende 1/2 kop chocoladestukjes erover.
h) Bak tot een tandenstoker die je in het midden steekt er schoon uitkomt, 20-25 minuten.
i) Laat volledig afkoelen op een rooster. In repen snijden. Bewaren in een luchtdichte verpakking.

98. Taart doos Bars

INGREDIËNTEN:
- 2 pakjes van 3,9 ounce chocolade-instantpuddingmix
- 4 kopjes olie
- 2 pakjes chocoladetaartmix van 18,25 ounce zonder pudding
- 4 kopjes chocoladestukjes
- Banketbakkerssuiker voor garnering

INSTRUCTIES:
a) Verwarm de oven voor op 350 ° F.
b) Vet twee jellyroll-pannen van 10 x 15 inch in en bebloem ze. Opzij zetten.
c) Klop in een grote kom beide dozen puddingmix en melk door elkaar.
d) Vouw langzaam beide dozen cakemix erdoor. Chocoladestukjes erdoor vouwen. Bak 35 minuten. Bestrooi met banketbakkerssuiker.
e) Laat volledig afkoelen voordat je het in vierkanten snijdt.
f)

99. Geïnfundeerde pindakaas Vierkantjes

INGREDIËNTEN:
- ½ kopje boter, verzacht
- ¾ kopje pindakaas
- chocoladetaartmix van 18,25 ounce
- 4 dozijn chocoladekusjes, onverpakt
- Poedersuiker

INSTRUCTIES:
a) Meng boter en pindakaas in een grote kom en meng goed. Voeg cakemix toe; mix tot er een deeg ontstaat. Dek af en laat 4-6 uur afkoelen.
b) Als u klaar bent om te bakken, verwarm de oven dan voor op 400 ° F.
c) Rol het deeg met eetlepels rond een chocoladekus; Vorm er een bal van en plaats deze op een met bakpapier beklede bakplaat.
d) Bak koekjes gedurende 8-12 minuten of tot ze net gaar zijn.
e) Laat het 3 minuten afkoelen op een vel, laat het dan in de poedersuiker vallen en rol het tot een laagje.
f) Laat volledig afkoelen op roosters en bestrijk ze vervolgens opnieuw met poedersuiker als ze afgekoeld zijn.

100. Karamel-walnotenrepen

INGREDIËNTEN:
- 1 doos chocoladetaartmix
- 3 eetlepels boter werd zacht
- 1 ei
- 14 ons gezoete gecondenseerde melk
- 1 ei
- 1 theelepel puur vanille-extract
- 1/2 kopje walnoten fijngemalen
- 1/2 kop fijngemalen toffeestukjes

INSTRUCTIES:
a) Verwarm de oven voor op 350.
b) Bereid een rechthoekige cakevorm voor met kookspray en zet opzij.
c) Doe het cakemengsel, de boter en één ei in een mengkom en meng tot een kruimelig geheel.
d) Druk het mengsel op de bodem van de voorbereide pan en zet het opzij.
e) Meng in een andere mengkom de melk, het resterende ei, het extract, de walnoten en de toffeestukjes.
f) Meng goed en giet het over de bodem in de pan.
g) Bak gedurende 35 minuten.

CONCLUSIE

Nu we afscheid nemen van " Mijn Kleine Caketin Kookboek ", hopen we dat je de vreugde en voldoening hebt ontdekt die bakken in je leven brengt. Vanaf de eerste geur van vanille die uit de oven komt tot het moment dat je geniet van het laatste kruimeltje van je versgebakken creatie: bakken is een liefdeswerk dat zowel lichaam als geest voedt. Terwijl u uw bakavonturen voortzet, vergeet dan niet om de magie van het experimenteren te omarmen, te genieten van de zoetheid van succes en troost te vinden in de warmte van de keuken.

Terwijl de geur van vers gebakken lekkernijen vervaagt en van het laatste stukje wordt genoten, weet u dat de herinneringen die in de keuken zijn gecreëerd, zullen blijven hangen, gekoesterd en gekoesterd. Deel uw liefde voor bakken met de mensen om u heen, vier de momenten in het leven met een plakje cake of een hapje taart, en laat het simpele plezier van zelfgemaakte lekkernijen uw dagen opvrolijken. En wanneer u klaar bent om aan uw volgende bakreis te beginnen, is " Mijn Kleine Caketin Kookboek " hier, klaar om u opnieuw te inspireren en te verrassen.

Bedankt dat we deel mochten uitmaken van jouw bakavonturen. Moge uw keuken gevuld zijn met gelach, uw oven met warmte en uw hart met bakplezier. Tot we elkaar weer zien, veel bakplezier en eet smakelijk!

www.ingramcontent.com/pod-product-compliance
Lightning Source LLC
Chambersburg PA
CBHW070656120526
44590CB00013BA/985